JN002952

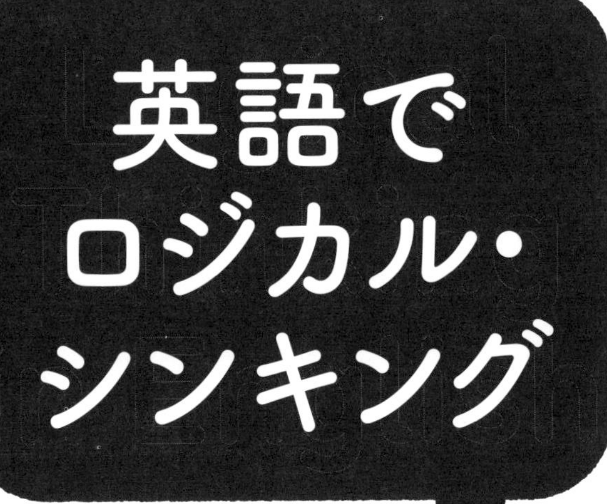

遠田和子 著
Kazuko Enda

研究社

はじめに

英語で意見が言えるようになるには何が必要でしょうか？ 表現のパターンをたくさん覚える？ 音声を繰り返し聞く？ 自己紹介がすらすら言えるようになる？「英語がぺらぺらになれば、堂々と意見が言えるだろう」。そんなふうに思われる方は、コペルニクス的な発想の転換をしてください。事実は反対です。「意見が言いたいから英語がうまくなる」のです。

英語で意見を言うのに、ネイティブスピーカーのような流暢さは必須ではありません。それよりも、まず日本語で考えをしっかりまとめ、論理的に英語でアウトプットすることが大事です。

世界を見渡すと、英語が母語ではない人々のほうが圧倒的に多く、英語を第二外国語とする者同士で会話する機会が多いのが実情です。また、英語といっても多様で、アメリカ、イギリス、インド、オセアニア・東南アジア諸国で話される英語は大きく異なっています。

一方でロジック（論理）は世界共通です。そのためグローバルな場での意思疎通には、論理的に伝えるスキルが役立ちます。

そこで鍵になるのが「論理の型」です。簡単に言うと「理由」と「具体例」を述べて自分の「意見」を理解してもらうこと。日本には、いちいち説明しなくても察してもらえる均一な社会があります。しかし、文化も歴史も異なる国の人々とのコミュニケーションでは、言葉を尽くして相手を納得させる努力が求められます。そのためには、英語のなめらかさを追求するより論理の土台を築くことにエネルギーを費やすべきなのです。

これは英語のディベートを趣味として楽しんできた私の体験に基づく確信です。ここで言うディベートとは「意見を言わざるを得ない状況に身を置き、必死に他者を説得する」活動と考えてください。ディベートでは、人前に立ってとにかく言葉を発しなければなりません。しかも雑談ではなく中身のある内容をわかりやすく。そのような場で私が実感したのは、ロジックがしっかりしていれば、とつとつとした英語でも伝わるということです。また、一生懸命考えた意見をアウトプットし続け、英語が劇的にうまくなった仲間をたくさん見てきました。

英語は道具であり目的ではありません。英語で意見を言うときも、日本語が出発点です。日本語で考えを練り、論理の型を用いれば、ぺらぺらでなくても英語で勝負できます。やればなんとかなるし、伝われば楽しくなる。実践を重ねることで、論理の型も英語も少しずつ身についていきます。Learn by doing!

令和二年の初夏の日に　遠田和子

contents

contents

contents

序章

論理的であるためには

意見をわかりやすくまとめるには、筋道が通っていることが大切です。そのために必要なのが「論理」です。

1 論理の型を「積み木」のイメージで身につける

論理（ロジック）という言葉は、なんだかお堅くて難しそうにも聞こえるし、「自分は論理的（ロジカル）ではない」と言う人もたくさんいます。確かに、「論理的に」と漠然と言われても、何をどうすればよいのかわかりませんね。

しかし、ここで言う「論理」は、個人の才能や資質とは関係なく練習して習得するスキルです。実は論理的であることはシンプルで、「型」を身につければ達成できます。そして、ここが重要なポイントですが、型はまず日本語で身につけます。なぜなら型に入れる中身、つまり「言いたいこと」は、母語でこそきちんと作れるからです。

一言で言うと、「論理の型」とは、**意見・主張（Opinion）を述べ、理由（Reason）を説明し、事例（Example）を示すこと**です。

たったそれだけ？　はい、それだけです。本書では、この論理の型を3つの英単語の頭文字をとってOREと略します。日本語では「オレ」と呼び、わかりやすく「積み木」のイメージを使います。そして、意見を高く掲げて理由と事例でしっかり支えるプロセスを「積み木メソッド」と呼びます。

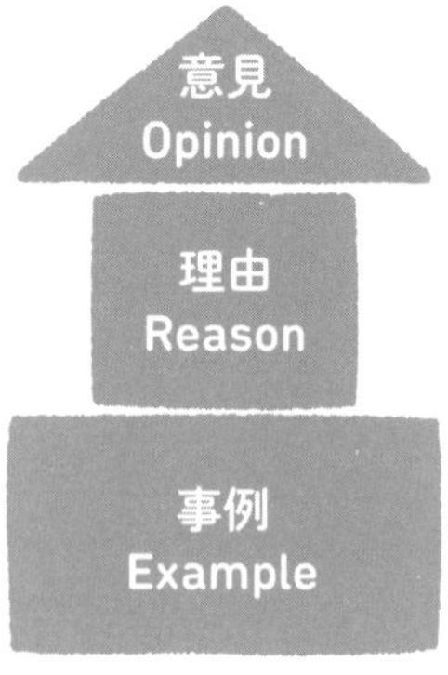

OREの積み木

OREの型を身につけると、使う言語が日本語であろうと英語であろうと、生活のさまざまな場面で役に立ちます。学校で説得型のエッセイを書く、会社で企画案を説明する、就職面接で質問に答える、人前でスピーチやプレゼンする、そしてもちろん世界の人々とコミュニケーションする。そのような説得力を発揮したい場面で土台になるのがOREで、いわば「英語コミュニケーションのインフラ」です。

2 はじめに要点を述べる

OREの特徴の1つは「要点を先に突く」、つまり「結論が先」ということです。英語で言うと、Go straight to the point。pointには「主張、意見」の意味があり、単刀直入にpointを示すことは英語を話すとき特に大切です。みなさんは、誰かの話を聞いていて「いろいろ言っているけど、結局のところ何の話だったんだろう」と思ったことはありませんか。質問をしたら、あさっての方向から話が始まり「早く答えを聞きたい〜」と思ったことはないでしょうか。聞き手の立場だと、結論が後回しの話はいらいらするし、うんちくを長々と聞かされて結論がはっきりしない（最悪、ない）とうんざりします。ところがいざ自分が話し手になると、前置きから始めていることもあるのではないでしょうか。

OREの積み木では、「意見」のピースを一番高い場所に置き、「理由」と「事例」のピースで支えます。OREの型は、多人種が共に暮らすアメリカやヨーロッパの国々では共通言語のようなもので、異文化との接触を前提に子供のころから学校や日常生活でこの型を叩き込まれます。そのため共通の型で話をすると、聞き手に理解されやすくなります。ですから、ブロークンな英語でも伝わるのです。

ちなみに、英単語のoreは「鉱石、原鉱」を表し、貴金属などの鉱物がぎっしり詰まった岩石を指します。それが転じて次の意味も持ちます。

a source from which valuable matter is extracted
貴重なものが得られるもと（原料）

ORE はまさに論理という宝の源です。

3 ディベート的手法で 複眼的なものの見方を養う

本書ではディベートに似た手法を使って論理の型を練習します。「論理」に続いて「ディベート」が登場したからといって、引かないでください。与えられたテーマに対して、相反する立場で意見をまとめる練習をすると、**物事を多面的に見る力**を養えます。

ディベートと聞くと、理屈っぽく相手をやりこめる人物を頭に浮かべる人がいますが、ディベートは言い負かしの術ではありません。*Oxford Advanced Learner's Dictionary* で debate を引くと、このように定義されています。

an argument or a discussion expressing different opinions
異なる意見を表明する議論または話し合い

つまり、ディベートは「argument = 議論、または discussion = 話し合い」であり、「different opinions = 異なる意見」を前提にしています。「ものごとを異なる観点から眺める」のが特徴で、あるトピックに対して賛成・反対の立場で考え、主張を支える理由や事例を見つける、という道筋をたどります。本書では、「A と B ではどちらがよいか」という単純な二者選択や、ときにはばかばかしいお題を選んで考えをまとめる練習をしましょう。そこでポイントになるのが、「考えを日本語で論理的にまとめること」。自分の英語力を最大限に引き出すプロセスにおいて、このことが最も重要です。

※

本書のゴールは論理の型を積み木のイメージで身につけ、英語で意見が言えるようになることです。「型」の習得は、あらゆる種類のお稽古事の基本です。茶道の稽古では、茶室での歩き方からお茶をたてる手順まで決まった所作を繰り返し練習します。上達すると美しい動作が無意識にできるようになります。野球や剣道の素振りもまたしかり。慣れないうちはうまくできないかもしれません。しかしスポーツや音楽の基礎練習と同様に、初めからうまくできる天才はまれです。練習により、型は自分のものになります。

英語コミュニケーションの土台である論理の型は第 1 章から第 3 章で身につけます。第 4 章では、他者が作った論理の積み木の弱点を見つける反論のスキルを習得します。自分の意見をまとめた上で、大勢の人と議論をしたり他者の意見を分析したり、社会の課題を批判的に考えたりするのに役立つスキルです。

各章のエクササイズでは、いろいろな論題を用意しています。できるだけ実際に取り組んでから先に進んでください。意見は自分の中でしか見つけられません。論題ごとに日本語や英語のサンプルを紹介しています。どのサンプルも短めでトピックを深堀りはしていません。「もっといい論点があるのに」と思い、みなさんのアイデアを刺激する材料となればと願っています。

第1章

OREの基本

あるときアメリカの品質監査官Aさんが、独特の品質管理を行っている日本企業を訪ねてきました。日本企業の担当者Bさんとの会話です。

A：なぜこの方法をとっているのですか?

B：お客様に喜んでいただくためです。

A：お客さんはなぜこのやり方だと満足するのですか?

B：当社では昔からこのやり方ですから。

A：?

Bさんの答えはロジカルではありません。何が欠けているでしょうか。

1 論理的な意見

そもそも意見とは何で、なぜきちんとまとめる必要があるのでしょうか。「意見」とは何らかの「主張」です。多くの場合、人は自分とは異なる考えを持っています。誰もが同意する内容について言及しても、それは意見にはなりません。たとえば「桜は春に咲く」という発言は、日本人のだれもが認める事実で、意見ではありません。ところが「花の中で桜が一番美しい」と言えば、梅のほうが美しいと思う人もいるので、意見です（万葉の時代は、花といえば梅でした）。ただし、これだけでは意見をまとめたとは言えません。

日本人なら「桜が一番」という発言だけで「そうだね」と共感してもらえるかもしれません。では日本の外ならどうでしょうか。地理・気候や社会情勢の違いなどがあり、言語の壁も立ちはだかります。桜の花を実際に見たことがある人は、世界の中では少数派です。他の花が好きな人もたくさんいるでしょう。そんな外国の人に「花の中で桜が一番美しい」と言えば、相手の頭には「Why? ＝なぜ」という疑問が浮かぶはずで、その疑問に答えないといけません。そこで「because ＝なぜなら」と理由を説明すれば、その意見は論理的だと認められます。ですから意見を述べるときは、自分自身で次の問答をする必要があります。

Why? → Because

because で理由を述べたあとに「for example ＝たとえば」と具体例を続ければ、相手に理解してもらうのに必要な情報を盛り込めます。たとえば「桜が美しいのは、パッと咲いてパッと散るから」と理由を説明するならば、桜の咲く季節、満開から散るまでの期間、咲き方や散り方についての詳しい説明が必要になります。このように意見は、「なぜなら」

の理由と「たとえば」の事例に支えられることで論理的になります。

残念ながら、日本語のコミュニケーションでは「なぜなら」を語らなくても済む場面が多い気がします。「なぜなら」がなければ「たとえば」も続きません。あるときテレビのインタビューで、有名な指揮者が若いころに外国で武者修行した話をしていました。海外に出ることに消極的な今の若者についてどう思うか、と尋ねられると「どんどん外に出たほうがいい」と答えました。続いて「なぜなら」を語ってくれるだろう、ユニークな体験談が聞けるだろうと待ち構えたら、そこで話は終わってしまいました。インタビューアも「なぜですか」という質問をせず、対談は消化不良のまま終了。内容を深め面白さを引き出すには「なぜ（Why?）」と「なぜなら（because）」のやり取りが必要だと感じました。

1-1「なぜなら」と「たとえば」の重要性

「赤と緑とどっちがよいか」と質問をされたら、何と答えますか。まず日本語の会話例です。

「赤のほうがよい」
「なぜ？」
「え～、なんとなく」
「……」

「なぜ？」という問いに、「なんとなく」や「別に」と答えてしまうと、コミュニケーションは深まりません。ここで「なぜなら」を語ると論理のレベルが上がります。

「赤のほうがよい」
「なぜ？」

「**なぜなら**、赤は目立つ色だから」
「そう」

自分の意見を支える理由として「目立つ」を挙げました。ここでもう少し頭を働かせ、「たとえば」に続けて事例を足してみましょう。

「赤のほうがよい」
「なぜ？」
「**なぜなら**、赤は目立つ色だから。
たとえば、駐車場では赤い車が見つけやすいでしょ。
だから、私の車は赤」
「なるほど」

具体的な例が加わると説得力が高まります。「目立つ」という抽象的な概念を、「駐車場で赤い車は見つけやすい」という具体例に落とし込むと、相手の頭に絵がはっきりと浮かぶのです。

1-2 OREの積み木メソッド

序章で紹介したOREを、積み木でイメージしてみましょう。

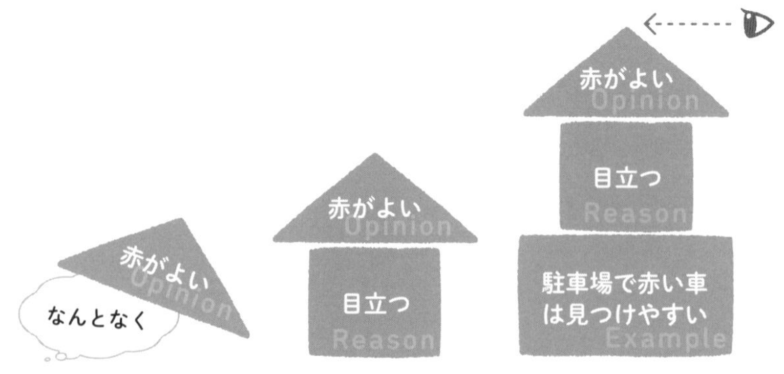

「赤のほうがよい、なんとなく」という言いっぱなしの発言は、支える積み木のピースがないためグラグラです。「目立つ」という理由をつけると、支える柱ができます。さらに事例が加わると土台ができるので、「赤がよい」という意見を高々と掲げることができ、主張として認めてもらえます。このように ORE の積み木はピースを足していく順番が決まっていて、結論から作り始めます。「何をどの順序で言うか」は単に発話の問題ではなく、「考えをどうまとめるか」という思考そのものです。まず日本語で考えを整えるのが大事です。

1-3 英語にする

日本語で「赤がよい」という意見をまとめたので、次は英語にしてみましょう。

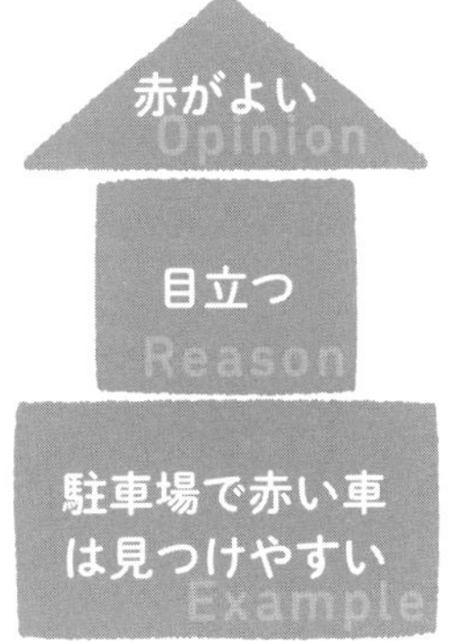

英語だと一気にハードルが上がる？ しかし積み木が完成していれば、ロジックは既に組まれています。この積み木の各ピースを英語にするとき、何が一番難しいでしょうか。「赤のほうがよい」の例では、理由の「目立つ」かもしれません。「目立つ」を表す英単語には形容詞 conspicuous がありますが、この単語は難しい。言いたいことがあるのに英単語が思いつかないとあせりますよね。そんなときは言い換え表現を探しましょう。「目立つ」という概念は、「鮮やか」「はっきりしている」「目を

引く」「注意を引く」などさまざまに表現できるので、自分の語彙の中で当てはまる英単語が必ず見つかります。

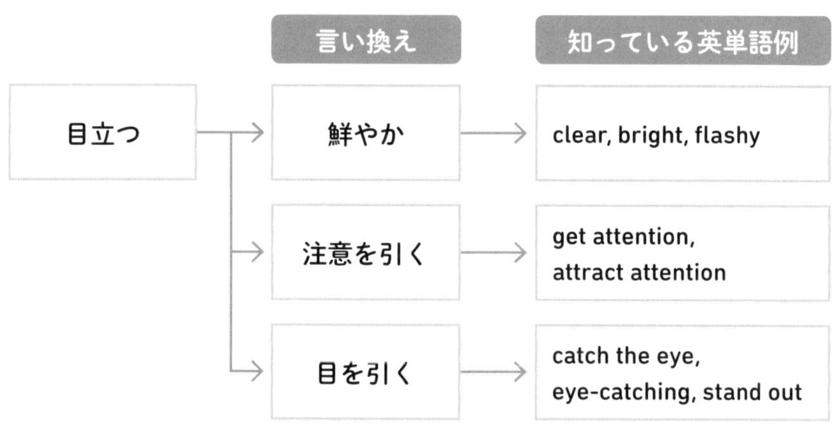

これを使えば、「赤は目立つ」はさまざまな英語で表現できます。

Red is bright.
Red is flashy.
Red is a loud color.
Red gets attention.
Red stands out.
Red catches the eye.
We can see red clearly.

いずれも中学・高校で習う英単語ばかりですが、どの英文を使っても伝わります。さらに、このあとに事例を挙げれば、内容が補強されるので、理由がはっきりします。

1-4 OREO（オレオ）で締める

ORE の型で自分の意見（主張）をまとめると、英語にしたときぐんと伝わりやすくなります。スピーチ、プレゼン、エッセイ・ライティングでは、ORE の最後に締めの文を入れましょう。最初に述べた意見を最後に繰り返すと、主張を明確にして終わらせることができます。この完成形を ORE ＋ O ＝ OREO （オレオ）と呼びます。あれ、どこかで聞いたような？　そう、黒いチョコレートクッキーに白いクリームが挟まったお菓子と結びつけて「オレオ」と覚えてください。

OREO

意見	Opinion（O）	赤のほうがよい
理由	Reason（R）	なぜなら、目立つ色だから
事例	Example（E）	たとえば、駐車場では赤い車が見つけやすい
意見	Opinion（O）	だから、私の車は赤

では、OREO で「赤がよい」という意見を英語でまとめてみます。ここでは「目立つ」に bright を使います。また最後の O は言葉に変化をつけて意見を補強しています。

Opinion:　Red is better

Reason:　**because** red is a bright color.

Example:　**For example,** we can find red cars easily in the parking lot.

Opinion:　**So,** I have a red car.

OREO の型が頭の中にあると、何をどの順番で言えばよいのかがはっきりするので、英単語を探す心の余裕が生まれます。聞き手にとっても、型に沿った発言は理解しやすくなります。

英語で意見をまとめるには、何千個もの英単語を暗記することが先ではありません。論理の型をしっかり身につけるのが先です。言いたいことが論理的にきちんとまとまっていれば、「英語はなんとかなる！」とずぶとく構えてください。英語をやりくりして意見が言えたときは達成感が味わえます。アウトプットを重ねて使える英語表現を少しずつ増やしていきましょう。

2 キーワードの重要性

何らかのトピックについて考え始めたとき、頭の中でアイデアがごちゃごちゃと渦巻いています。そこで意見をまとめるには、アイデアの分類が必要です。頭の中にフォルダーを作り、いろいろなアイデアを関連づけて整理しなくてはなりません。一般に、ファイルの整理では、フォルダーを作ると中身がすぐにわかる短い名前をつけますね。このフォルダー名と同じ働きをするのが、分類したアイデアを要約するキーワードです。アイデアの分類は思考の明確化につながるので、効果的なキーワードが見つかった時点で、意見の骨格はほとんど出来上がっています。

一方、整理されていない話はすんなり理解できません。たとえば「(緑より)赤のほうがよい」という意見を次のように述べると、どうでしょうか。

「赤のほうがよい。赤は派手で、群衆の中でも赤い服の人はパッとよく見える。紅白の垂れ幕にも使われる色だ。中国でもおめでたい色なので、正月など町中がお祝いの赤色にそまる。それから赤い車は広い駐車場でも見つけやすい。」

思いつくままに例を挙げています。具体例が豊富なのはよいのですが、整理して提示しないと、ごちゃごちゃした印象になります。これらの例は2つのグループに分けられます。

具体例の分類1

赤は派手で、群衆の中でも赤い服の人はパッとよく見える。赤い車は広い駐車場でも見つけやすい。

一言で言うと？

「目立つ」= bright

理由のキーワード❶

具体例の分類2

紅白の垂れ幕にも使われる色だ。中国でもおめでたい色なので、正月には町中がお祝いの赤色にそまる。

一言で言うと？

「めでたい」＝ happy

理由のキーワード❷

理由に挙げた「目立つ」と「めでたい」は複数の具体例を一語で要約しています。このように、キーワードはできるだけ短い抽象（上位）概念を表す語を選ぶのが理想的です。ORE の積み木では、理由のピースにキーワードのラベルを張り付けるのをイメージしてください。

赤のほうがよい。
1つ目の理由は、**目立つ**から。
たとえば、（具体例の分類１）
2つ目は、**めでたい色**だから。
たとえば、（具体例の分類２）

ORE の型に沿えば、抽象から具体へと情報が流れます。英語にするとこんな感じです。

Red is better.
First, red is a **bright** color.
Red is bright, so we can easily find people wearing red clothes in a crowd.
We can also find red cars easily in a large parking lot.
Second, red is a **happy** color.
Red-and-white curtains are used in Japan for happy events.

Chinese people also use many red products to celebrate the New Year's holiday.

このようにキーワードを際立たせると、簡単な英語でも論点を十分に理解してもらえます。的を射たキーワードは他者を説得する強力な武器です。また、聞き手の立場では、論点が明確な話はわかりやすく、メモを取るときはキーワードだけ書きとめればよいのでとても楽です。

以上は無数にある論理の組み立て例の一つにすぎません。読者のみなさんなら、もっとよい理由とキーワードをたくさん思いつくでしょう。重要なのは bright や happy という言葉ではなく、そのようなキーワードを一人一人が見つけることです。

3 OREで意見をまとめるプロセス

先ほど「赤のほうがよい」を取り上げたので､次は「緑のほうがよい」という意見をまとめましょう。

Step 1　理由のキーワードを探す

まずは理由のキーワード。「緑がよい」という理由を一言で表す言葉を見つけます。たとえば、緑色に対して「春になると木々に若葉が出てきて、これから大きくなっていく力を感じる」とします。このイメージを抽象的な概念で表すと「成長」と言えます。

みなさんも自分でやってみましょう。

1）「緑がよい」という理由を表す単語をできるだけたくさん考えて、下の括弧の中に書いてください。これは一人で行うブレーンストーミングです。結構頭を使います。

2）書き出した単語の中から、最も効果的なキーワードを積み木の中に書き入れてください。多くの人の共感を得る概念だと説得力が高まります。

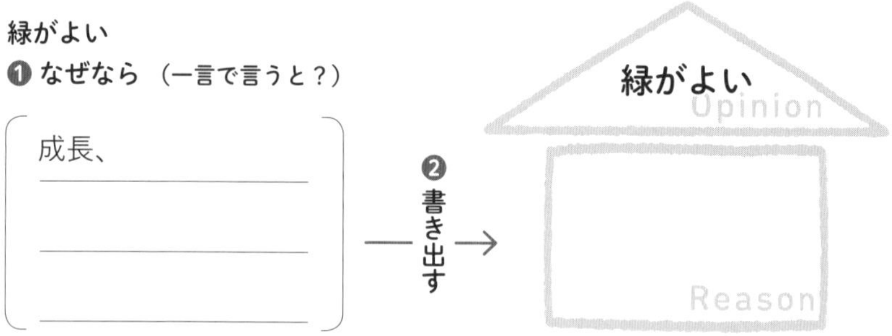

緑がよい
❶ なぜなら（一言で言うと？）

成長、

❷ 書き出す →

緑がよい
Opinion

Reason

緑色にまつわるキーワード候補をいくつか挙げます。

若さ、活力
成長、元気
新鮮、フレッシュ
自然、環境
安らぎ、リラックス
健康、癒し
環境にやさしい、エコロジー
安心、安全

Step 2　事例を考える

理由のキーワードが決まれば、次は具体例で主張の土台を作ります。先ほど挙げたキーワード候補の中から「安らぎ」を選んで事例を考えてみました。実はキーワードを探す段階で、具体例が次々と頭の中に浮かんでいるはずです。どんなときに緑で安らぐかを考え、その例を短い文にして積み木に書き入れたのが下記の図です。

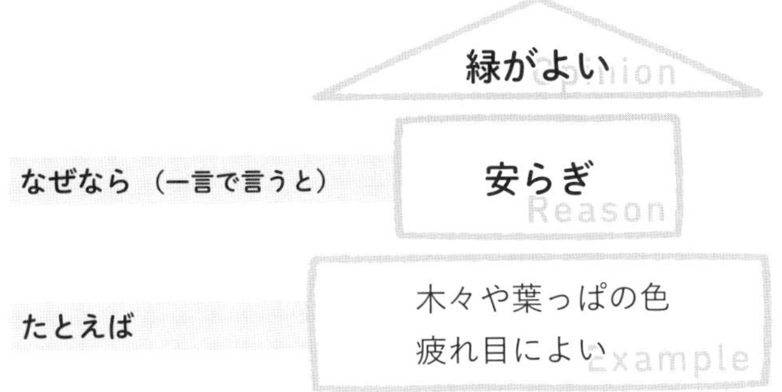

実際には、理由のキーワードを探すStep 1と事例を考えるStep 2とは明確に区別できるものではありません。「卵が先か、にわとりが先か」の議論と似ています。具体的な事柄が先に思いつき、抽象的な概念（キーワード）を後から見つけることもあり、人によってどちらが得意かも異なります。

積み木ができれば、意見をまとめるのは簡単です。

緑がよい。
なぜなら、安らぐ色だから。
たとえば、
緑は木々や葉っぱの色。
緑は疲れ目によい。
私は疲れたとき庭や公園に行く。

このように意見は、「抽象→具体」の流れで根拠を述べるとわかりやすくなります。

Step 3 英語にする

日本語でまとめた意見を、自分の知っている英語でどこまで言えるか試してみましょう。まずはキーワードの「安らぎ」で思いつく英単語を書き出してください。

日本語のキーワード		英語のキーワード
安らぎ	➡	________

英単語がすぐに思いつかなかったら、「安らぎ」を他の日本語で言い換えてみましょう。適当な英語を思いつく確率が高くなります。「癒し」とも言えるし、「リラックス」というカタカナ語もありますね。「安らぎ」の反対語は「ストレス」ですから、「ストレスがない」とも表現できます。手持ちの英語をフルに使って柔軟に考えてください。

英語のキーワード例

安らぎ	peace of mind, feel peaceful, feel at ease, feel calm
↓ 思いつかなければ言い換える。	
癒し	heal, healing
リラックス	relax, relaxing, feel relaxed
ストレスがない	not stressful, no stress

上記の中で「安らぎ」にぴったりなrelaxingを選び、事例も英語にした積み木を示します。

Opinion **緑がよい。**

Reason **なぜなら、**
安らぐ（＝リラックスする）から。

Example **たとえば、**
緑は木々や葉っぱの色。
緑は疲れ目によい。
公園、庭

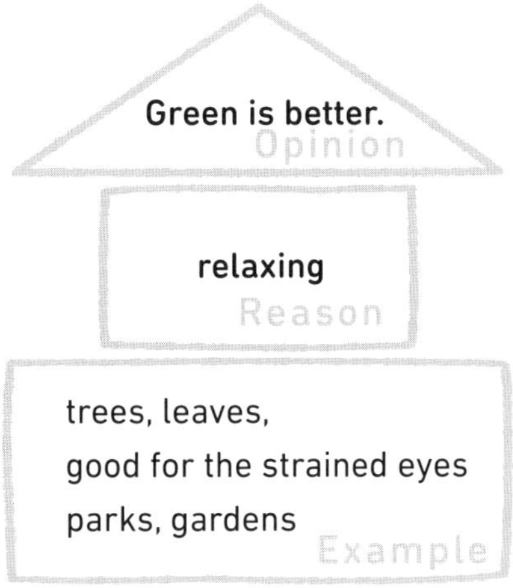

ここまでくれば、英語のセンテンスにまとめるのは難しくありません。

Green is better
because it is relaxing.
For example,

green is the color of trees and leaves.
Looking at green is good for the strained eyes.
I go to gardens or parks when I'm tired.

ここで示した3つのステップで頭の中に積み木を積めば、英語できちんと意見をまとめられます。

ところで、「赤と緑とどっちがよいか」なんて別にどっちでもいい。そんな無意味なトピックに関して論理的か否かを論じるのはばかばかしい。そんなふうに感じる方がいるかもしれません。しかし色の選択が単なる好みではなく、「赤か緑か」を真剣に議論すべき状況はいろいろあります。たとえば製菓会社が新製品のチョコレートを市場に投入する場合を考えてください。パッケージの色を赤にするか緑にするかは、商品のイメージに大きく影響します。販売会議ではさまざまな議論が起こるに違いありません。「赤がよい」という意見を述べる人は、「緑がよい」と思う人に対して筋道の立った根拠を示さなくてはならず、反対もまたしかりです。

第2章

一本柱のORE

このまえ観たディズニー映画の
『ライオン・キング』は面白かった。

一番の魅力はCG。まるで本物みたいだったよ！

たとえば、動物の毛は一本一本鮮やかなのに
風が吹くとふわふわなびくんだ。

花や草が大写しになると、
写真と見分けがつかないほどだった。

Opinion

Reason

Example

短いコメントですがOREの積み木ができています。日常会話でちょっとした感想を述べるときも、「面白かった、つまらなかった」だけで終わらせないようにしましょう。言葉を繋ぐと、話に彩りが出てロジカル・マインドも鍛えられます。

1 何をどの立場で論じるか

本章では、一本柱の積み木を作る練習をします。

取り上げる論題の形式は、「A と B ではどちらがよいか」という二者択一や、「賛成か、反対か」を問うものです。英語では「賛成意見」を pro、「反対意見」を con と言うことがありますが（語源はラテン語で、pro は in favor of、con は against の意味）、あるトピックの pros and cons（賛否両論）を考える練習もします。これはディベートに通じる手法で、次の能力が鍛えられます。

(1) 主観を離れて客観的に物事を分析する力
(2) 多面的に物事を見る力
(3) 違う意見や反論を予測する力

多様化する時代のコミュニケーションには必要な能力ばかりです。

トピックの中には一見ばかばかしいと思える内容も含めました。なぜなら、ばかばかしさは論理的な思考を鍛えるのに向いているからです。今まで考えたこともない事柄に対して私たちは持論を持ちません。そのため主観に左右されず論理の積み木に集中できるのです。また、単純な話題のほうが簡単に日本語から英語にできます。まずは、たわいもない論題からとりかかりましょう。後半では、少し社会的なトピックも加わります。意見をまとめる内容が複雑になればなるほど、ORE の積み木メソッドは威力を発揮します。

それでは練習を始めます。

2 一本柱の積み木を作る

お題

小学生には、サッカーと野球のどちらを勧めるか。

Which sport would you rather recommend to elementary school children, soccer or baseball?

サッカーと野球をそれぞれ勧めるとき、どんな理由を挙げるかを考えます。条件として「小学生には」とあるのは、各スポーツについてよく知らない子供またはその親への客観的なアドバイスを意図しています。野球が好き、サッカーが得意、○○選手の大ファン、どっちも嫌いなど、みなさんの関心はいろいろだと思いますが、ひとまず自分の好みは脇に置いて各競技の特徴を考えてください。

それでは ORE の積み木を作りましょう。

Opinion

小学生にはサッカーを勧める。I would recommend soccer.

Step 1 理由のキーワードを見つける

どんなキーワードが理由としてふさわしいでしょうか。日本語のキーワードを複数考えて、最も強いと思われる理由を積み木に書き入れてください。英語にするのが簡単そうな言葉を選んでもかまいません。

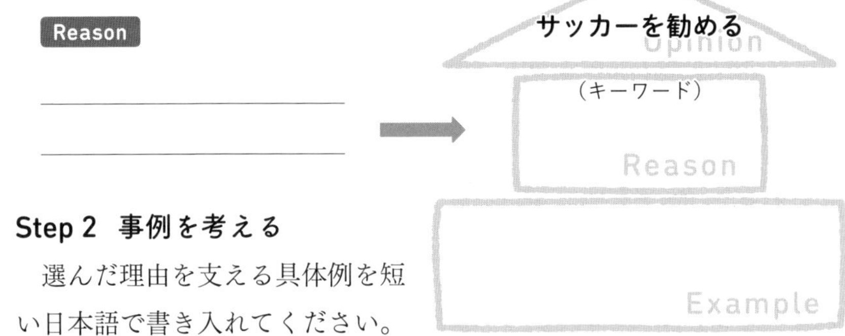

Step 2　事例を考える

選んだ理由を支える具体例を短い日本語で書き入れてください。

日本語で積み木が完成したら、英語にしてみましょう。

Step 3　英語にする

英語のキーワードを複数考えて、一番よさそうなものを積み木に書き入れてください。

選んだキーワードにふさわしい事例をいくつか書いてみましょう。

Reason

____

____

Recommend soccer

Opinion

（Keyword）

Reason

Example

積み木が完成したら、ORE の型に沿って意見をまとめましょう。

I would recommend soccer to elementary school children

because ______________________________.

For example, ______________________________.

適切なキーワードを選ぶ

どんな意見がまとまりましたか。参考に、サッカーを勧める理由をいくつか挙げました。この中で最も弱い理由はどれでしょう。

A. ルールが単純（ゴールに入れるだけ）
B. 道具が1つ（ボールさえあればOK）
C. どこでもできる（狭い空き地、ストリートサッカー）
D. 国際的（世界中の多くの国で人気）
E. 常に動く（ゴールキーパー以外は走りっぱなし）
F. チームスポーツ（11人の協力が必要）

野球よりサッカーのほうがよいという主張を納得してもらうには、サッカーの特徴を示す必要があります。ただし、弱いキーワードを選ぶと、簡単に反論され、議論の場では意見を持ちこたえられません。AからFの中では、Fが最も弱く、「野球だってチームスポーツではないか」と退けられてしまいます。またDの「国際的」についても、生活と行動の範囲の狭い小学生にはあまりピンとこないかもしれません。

サンプル積み木と意見

キーワードに、E.「常に動く」を選んだ積み木を見てください。

Opinion
小学生にはサッカーを勧める。

Reason
なぜなら、常に動くから。

Example
たとえば、
タイムアウトや中断がない。
立っているだけの時間がない。
常にボールや他の選手を追いかける。
俊敏性やスタミナをつけるのによい。

Recommend soccer
Opinion
constant motion
Reason
No time-outs or breaks in play.
Players rarely stand still.
They run after the ball or other players all the time.
They gain agility and stamina.
Example

I would recommend soccer to elementary school children **because** players are in constant motion.
For example, unlike baseball, soccer has no time-outs or breaks in play. Soccer players rarely stand still. They run after the ball or other players throughout the game. This is good for children as they can gain agility and stamina by playing soccer.

次は野球を選んで ORE の積み木を積んでいきましょう。

Opinion
小学生には野球を勧める。I would recommend baseball.

Step 1　理由のキーワードを見つける

理由の日本語キーワードを複数考えて、最も強いと思われる理由を積み木に書き入れてください。英語にするのが簡単そうな言葉を選んでもかまいません。

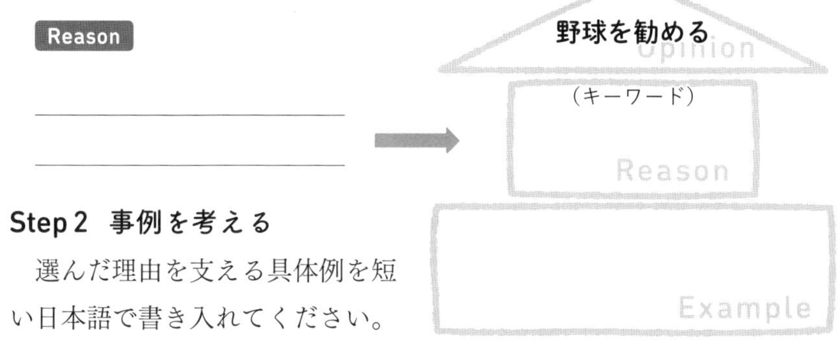

Step 2　事例を考える

選んだ理由を支える具体例を短い日本語で書き入れてください。

日本語で積み木が完成したら、単語ベースで英語にしてみましょう。

Step 3　英語にする

英語のキーワードを複数考えて、一番よさそうなものを積み木に書き入れてください。

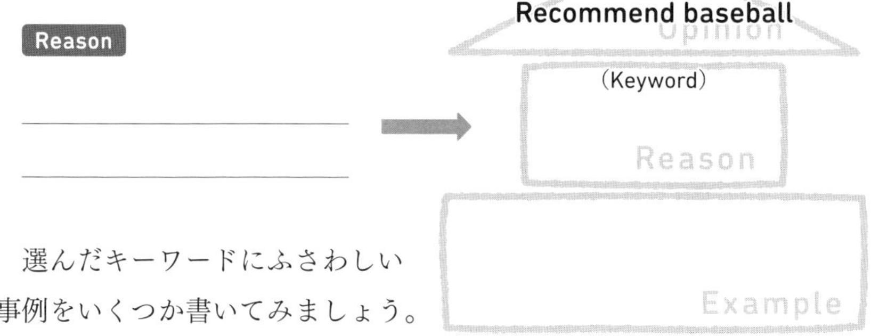

選んだキーワードにふさわしい事例をいくつか書いてみましょう。

積み木が完成したら、ORE の型に沿って意見をまとめましょう。

I would recommend baseball to elementary school children because ____________________________.

For example, ____________________________.

適切なキーワードを選ぶ

どんな意見がまとまりましたか。参考に、野球がよいという理由をいくつか挙げました。この中で理由として最も弱いものはどれでしょう。

A. 日本で人気　（相撲と野球は二大人気スポーツ）
B. 専門的な役割（投手、捕手、野手など個性に合わせて選べる）
C. 注目が集まる（打席に立てばどの選手も注目される）
D. 具体的な目標（春夏の甲子園大会）
E. プロになれる（多くのプロ野球球団）
F. 礼儀・挨拶（少年野球の指導ポイント）

AからFの中で弱いのは、Aの「日本で人気」とEの「プロになれる」でしょう。サッカーも日本での競技人口では野球に負けていません。また、サッカーにはJリーグがあるので、選手にはプロとして活躍できる場があります。AかEを理由に挙げたら、子供でも反論できるでしょう。またFの「礼儀・挨拶」についても、この2つを重視するサッカーの指導者もいるのであまり強い理由ではありません。このように理由を探すときは反論を予想して、最も強いものを選ぶことが大切です。

サンプル積み木と意見

キーワードにC.「注目が集まる」を選んだ積み木です。

Opinion

小学生には野球を勧める。

Reason

なぜなら、注目が集まるから。

Example

たとえば、
選手は順番に打席に立つ。
打席では一人。
必ず周りの注目を集める。
うまくなりたいという動機づけ。

Recommend baseball
Opinion

much individual attention
Reason

All players get to bat.
Each player stands alone in the batter's box.
Gets full attention.
Motivation for children to do better
Example

I would recommend baseball to elementary school children because baseball players get much attention.

For example, all players have a chance to be up at bat. In the batter's box, each player stands alone and gets full attention of coaches, teammates, and spectators. Such attention is good as it motivates children to do better.

3 ブレーンストーミング（Brainstorming）

ここまでの各ステップで、みなさんはあれでもないこれでもないとアイデアを探したことと思います。このプロセスをブレーンストーミング（brainstorming）と呼びます。ビジネスなどでは、ブレーンストーミングでアイデアを出し合って問題解決の道を探ります。A か B かという単純な比較から複雑な社会問題まで、しっかり意見をまとめるには必須のステップです。

大勢が参加する会議では、ブレーンストーミングにホワイトボードを使うことがあります。一人のときは紙に書くのがお勧めです。私の体験では、ペンを動かし字を書く動作を伴うと、アイデアが出しやすい気がします。単語やフレーズの箇条書だけでかまいません。

図にしたほうがイメージしやすい人には、次ページに示すような方法がお勧めです。これは「どちらか選べるとしたら、海賊になるか忍者になるか」(35 ページ参照)を考えるためのアイデアを書き出した例です。「海賊」と「忍者」を2つの丸の中に書いて、ブレーンストーミングをしています。周りには、頭に浮かんだ単語がランダムに書かれています。ブレーンストーミングでは、たくさんアイデアを出すのがミソで、各アイデアの良し悪しは二の次です。海賊と忍者を行ったり来たりしてかまいません。言葉が出尽くしたら、関係する単語を線でつないだり使えそうな単語をマーキングしたりすると、アイデアの関連性と優先順位を見極めるのに役立ちます。こんなふうに作業すると問題の切り口がだんだん見えてくるので、意見をまとめるだけでなく、レポートやプレゼンテーションの作成にも有益です。

論理の積み木を作るときは、ブレーンストーミングでいろいろ挙げたアイデアのうち、最も説得力の高い理由や事例は何だろう、と考えてください。図の例では、海賊を選ぶ理由のキーワードに「自由」を、忍者を選ぶ理由のキーワードに「身体能力」を選んでいます（星印をつけて区別）。各キーワードからさらに枝分かれしている単語は事例として使えます。

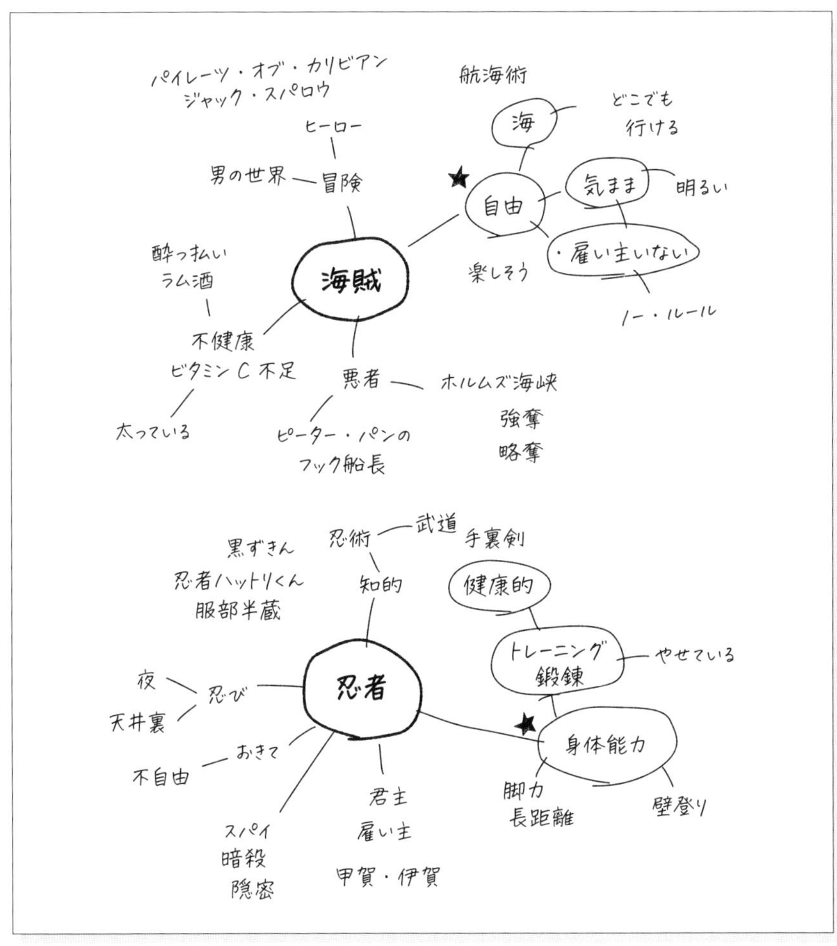

紙に書くかわりに、付箋（たとえば、3M社のポスト・イット）にアイデアを書き出していく方法もあります。たくさん書き出したら、貼ったりはがしたり自由にアレンジして、まとまった概念ごとにグループ分けし

て整理できます。またカラフルな色の付箋が売られているので、上位概念は黄色、下位概念は青というふうに色分けできるのも便利です。

手書きでなくパソコンを使って情報や思考を整理するマインドマップと呼ばれるアプリケーションもあります。下の図はパソコン上で「大相撲に体重別階級制を導入する」（102ページ参照）のprosとconsを考えるために作成したマインドマップです。テーマから枝分かれした先にメインアイデア（理由）があり、さらに分岐してサブアイデア（事例）へと考えを進めています。ここまで整理すると、3本柱の論理の積み木が簡単に作れます。このマップはcoggle（http://coggle.it）というソフトウェアを使って作成しました。カラフルで美しいマインドマップが作れるだけではなく、他の人とオンラインで共有することもできます。

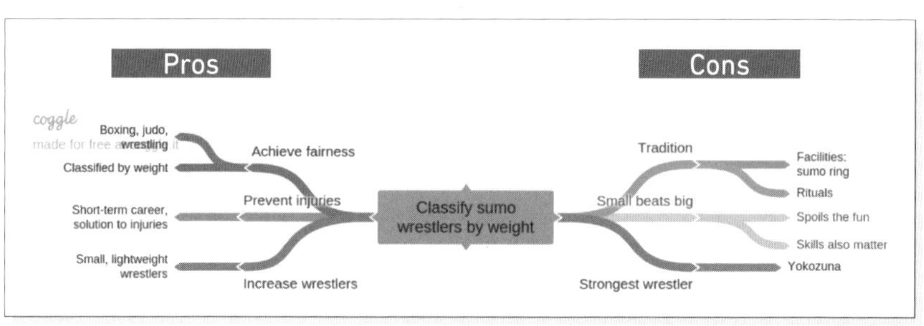

ブレーンストーミングの方法は十人十色ですから、みなさんは、自分に一番合うものを工夫してください。一人ではなく仲間と一緒に行うと、「なるほど！ 自分では思いつかなかった」というアイデアが出てきて刺激を受けます。また、ブレーンストーミングは反論を予測するのにも欠かせません。

4 対立する立場からの ORE

お題

どちらか選べるとしたら、海賊になるか忍者になるか。

Would you rather be a pirate or a ninja?

今まで考えたこともない二者択一かもしれません。先ほどブレーンストーミングの例を出しましたが、自分でも海賊と忍者のそれぞれの特徴や利点を考えてください。あなたの意見を聞いた人が「なるほど海賊は魅力的だ」「忍者は優れものだ」と共感してくれれば最高です。どうせ架空の話ですから、楽しく自由奔放に考えてください。

Opinion

海賊を選ぶ。I'd rather be a pirate.

はじめに日本語、それから英語で ORE の積み木を作ってください。

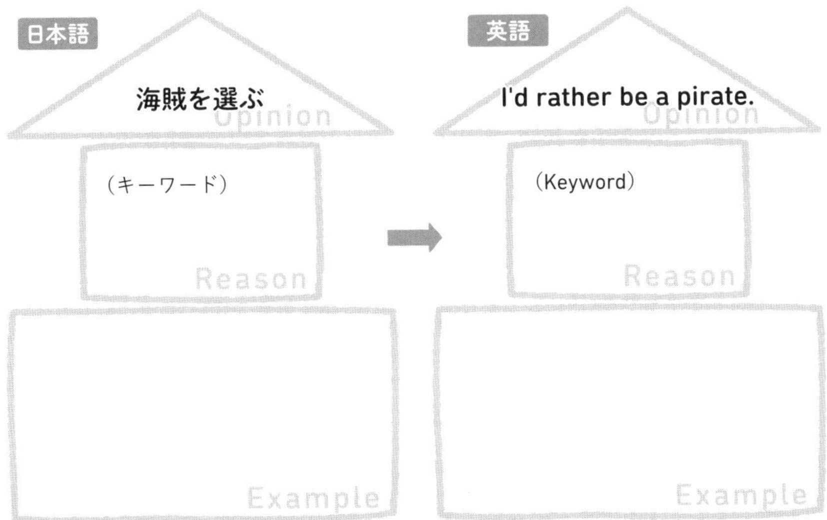

考えられる理由のキーワード例

―自由きまま	freedom, carefree, lawless
―雇い主がいない、独立	no employer, self-employed, independent
―航海術	seamanship, navigation
―広い海	open sea, ocean
―腕力で勝負	muscle power, grit, guts
―富と宝	gold, treasure, bounty
―冒険とロマン	adventure, romance

サンプル積み木

どんなキーワードが入りましたか？

海賊を選ぶ理由として、「自由きまま」を柱にした積み木を示します。

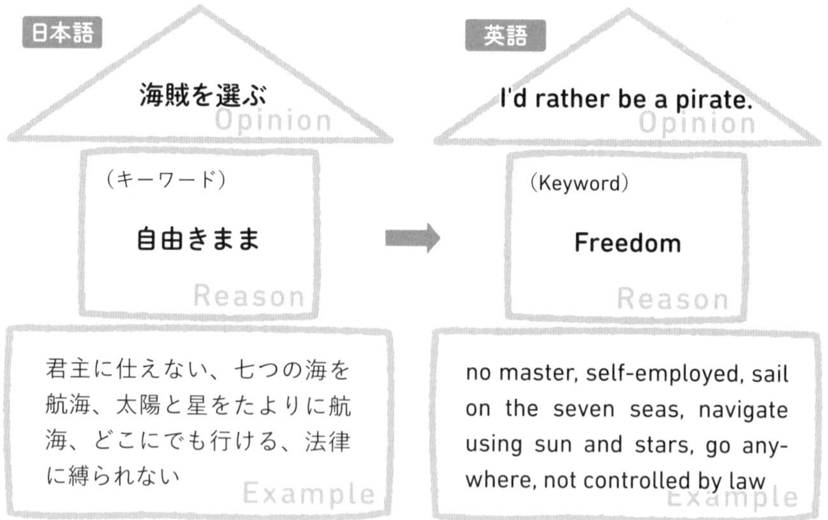

サンプル意見

　私は海賊を選ぶ。
　なぜなら自由を謳歌できるから。
　海賊には王様や君主などの雇い主がいない。自立してなんでも自分で決められる。法律を守る必要もないし、命令に従うこともない。宝物を求めて大海原を好きに進める。忍者を見てみろよ！　自由がまったくない。命令に従って影でこそこそ動きまわるだけだ。私は、海賊のように海で気ままな暮らしをしたい。

I'd rather be a pirate
because pirates enjoy freedom.
Pirates have no master, such as a king or a lord, to serve. They are independent, making their own decisions. They don't have to obey any laws or follow orders. They can sail anywhere in the ocean, looking for treasure. Look at ninjas! They have no freedom — they just obey orders and sneak around in the shadows. I want to live a carefree life on the sea like pirates.

この意見では、「自由きまま」の説得力を上げるため、次のように二者を対比しています。

＊忍者は君主に仕えるが、海賊は独自に行動し、ルールに縛られない。

＊忍者は影の世界で忍びの任務を果たすが、海賊は海で好きなところに行ける。

Opinion

忍者を選ぶ。I'd rather be a ninja.

はじめに日本語、それから英語でOREの積み木を作ってください。

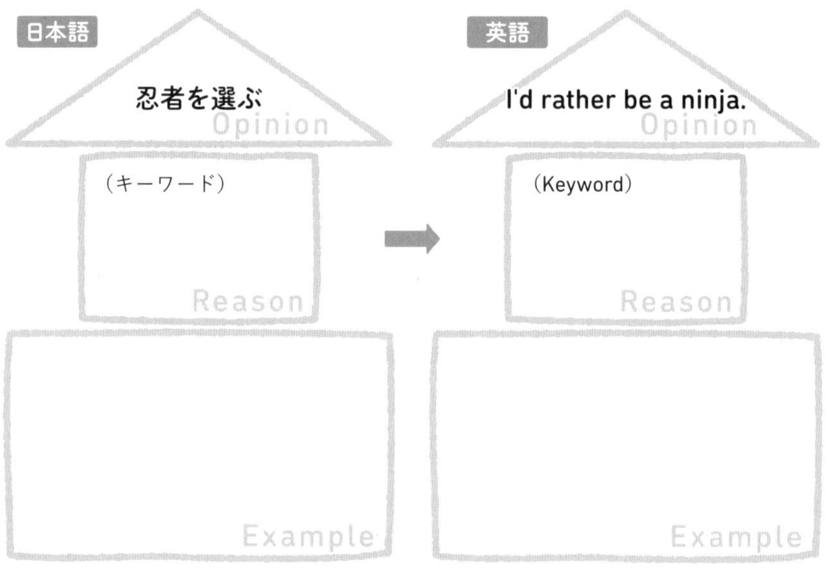

考えられる理由のキーワード例

―知性、策略	intelligence, tricks
―おきて	code, discipline
―スパイ、しのび	spy, secret agent, stealth
―単独行動	act alone, independent action
―高い身体能力	physical fitness/abilities
―トレーニング	hard training, exercises
―健康的な食事	healthy diet/ food

サンプル積み木

どんなキーワードが入りましたか？

忍者を選ぶ理由として、「高い身体能力」を柱にした積み木を示します。

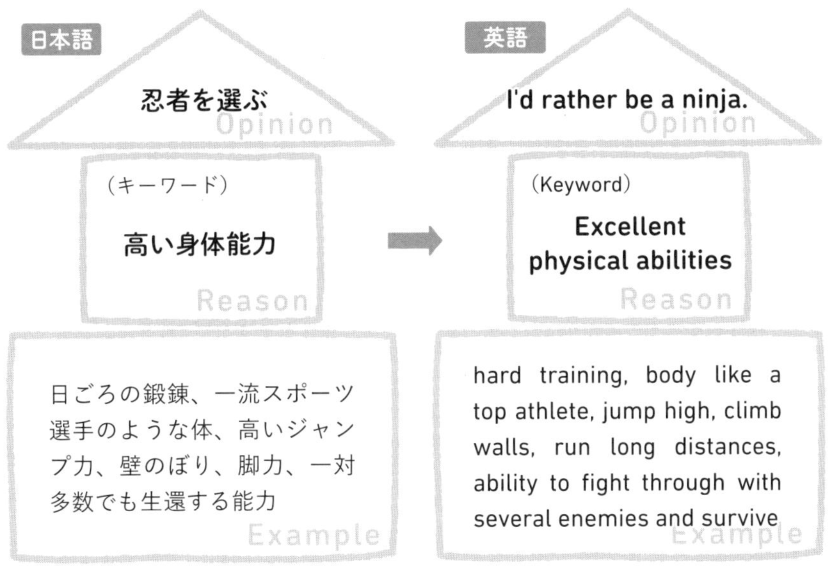

サンプル意見

私は忍者を選ぶ。

なぜなら高い身体能力を持っているから。

忍者は毎日トレーニングをする。厳しい鍛錬のおかげで、忍者は現代の一流スポーツ選手のような能力を持っている。たとえば、高くジャンプしたり、壁のぼりができたり、長距離を走れる。忍者は元気で健康的。海賊を見てみろよ！ 船に閉じ込められて、ラム酒を飲んで酔っ払い、ビタミンC不足に悩まされる。私は忍者のように肉体的に健康で強くなりたい。

I'd rather be a ninja

because ninjas have excellent physical abilities.

Ninjas train themselves every day. Thanks to hard training, they gain physical abilities like modern-day top athletes. For example, ninjas can jump very high, climb walls, and run long distances. They are fit and healthy. Look at pirates! They are stuck in a ship, get drunk on rum, and suffer from a lack of vitamin C. I want to be physically fit and strong like a ninja.

この意見では、「身体能力」の説得力を上げるため、次のように二者を対比しています。

＊忍者は毎日厳しいトレーニングをするが、海賊は船に閉じこもっている。

＊忍者は健康。一方、海賊はラム酒で酔っ払いビタミンC不足になる。

お題

ティーンエージャーの初デートには、動物園と水族館のどちらを勧める？

Which do you recommend as a spot for a first date for a teenage couple, the zoo or an aquarium?

高校生から初デートに良い場所について相談されたとしたら、どんなふうに答えますか。デートスポットとしての動物園と水族館の pros and cons をいろいろ比べてみましょう。

Opinion

動物園を勧める。I recommend the zoo.

はじめに日本語、それから英語でOREの積み木を作ってください。

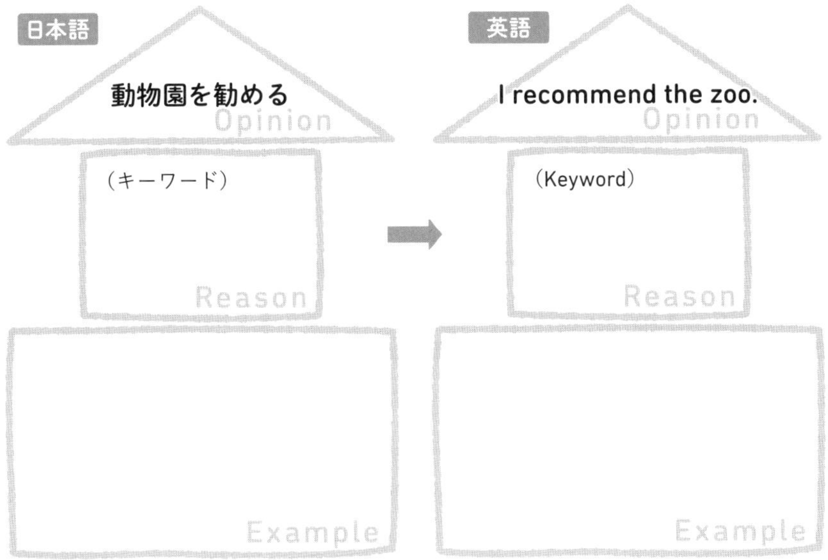

どんなキーワードが入りましたか？

考えられる理由のキーワード例

―屋外、自然	outdoors, nature
―広い敷地、広場	large lot, open space
―安い	low cost, inexpensive, cheap, little money
―バラエティー（動物、鳥類、爬虫類）	variety (animals, birds, reptiles)
―動物との触れ合い	touch animals, petting zoo

サンプル積み木

動物園を勧める理由として「安い」を柱にした積み木を示します。

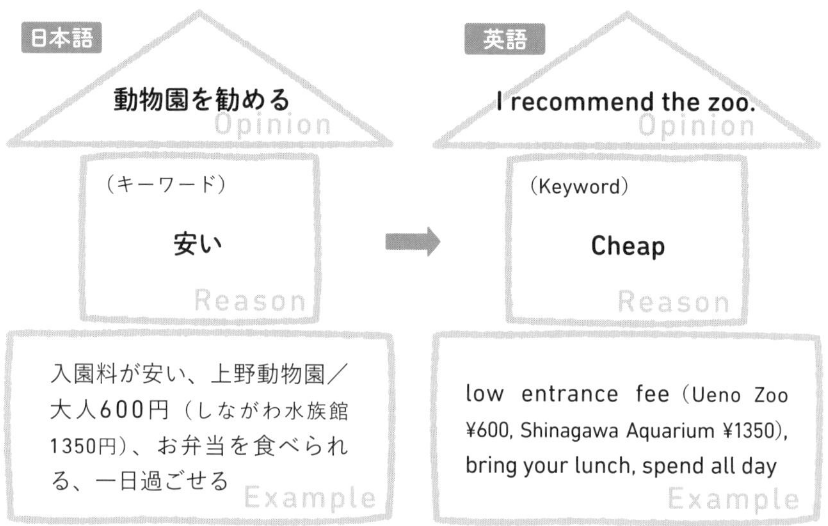

サンプル意見

ティーンエージャーの初デートの場所として、動物園を勧めます。

なぜなら安いから。

通常、入園料は低額で、たとえば上野動物園なら600円なのに、しながわ水族館だと1350円ですよ。動物園に行けば、いろいろな動物が見られて、広い園内を自由に歩きまわれる。食費を節約したければ、お弁当を持って行ってピクニックエリアで食べることもできるでしょう。ティーンエージャーはあまりお金を持っていないので、コストが重要。動物園なら、ほんの少しのお金でカップルは一日中楽しめます。

I recommend the zoo as a spot for a first date for a teenage couple.

This is because the zoo is cheap.

The entrance fees are usually low. For example, Ueno Zoo charges 600 yen, but Shinagawa Aquarium charges 1350 yen. At the zoo, you can see a variety of animals and walk around freely in a large area. To save money on food, you can bring your lunch and eat in the picnic area. Teenagers do not have much money, so cost is important. A couple can spend all day in the zoo with just a little money.

10代のカップルだと所持金が少ないことに注目して、「安い」を理由に挙げています。入場料金の比較をしていますが、このように実際のデータを入れることで説得力が上がります。

注:「動物園に行く」と言うとき、英語のネイティブスピーカーは通常go to the zooと言います。あなたも私も知っている町に1つの「あの動物園」という感じです。たとえ町に複数の動物園がある場合でもgo to a zooとはあまり言いません。これは習慣的な表現で、たとえ近所に複数の映画館があっても、「映画を見に行く」は、go to a cinemaではなくgo to the cinemaと言うのと似ています。動物園よりも歴史的には新しい施設である水族館の場合、このような慣用表現ではなく不定冠詞のanを付けてgo to an aquariumと言います(水族館を特定していないとき)。

Opinion

水族館を勧める。I recommend an aquarium.

はじめに日本語、それから英語でOREの積み木を作ってください。

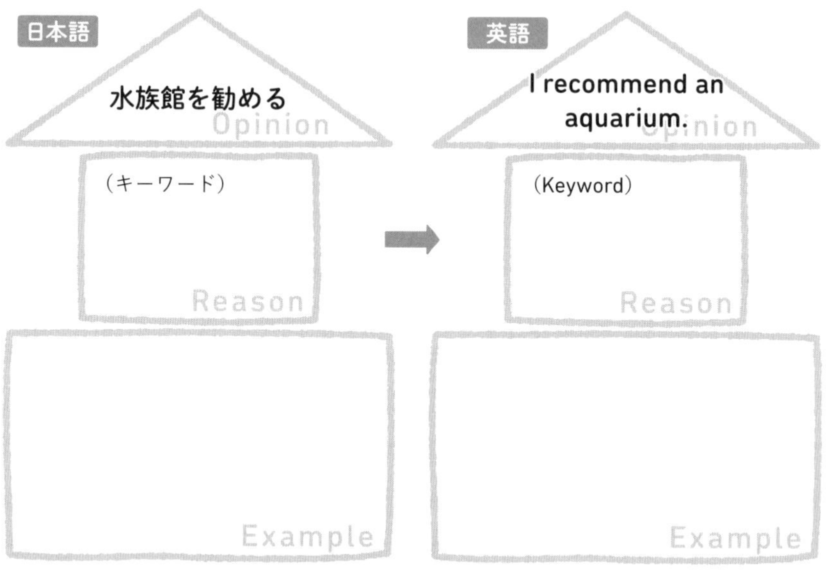

どんなキーワードが入りましたか？

考えられる理由のキーワード例

—屋内、全天候型	indoors, all seasons, all-weather facility
—薄暗い、ロマンチック	semidarkness, romantic
—清潔、きれい	clean
—空調	air conditioning
—珍しい魚・生物	rare creatures/ fish

サンプル積み木

水族館を勧める理由として「全天候型施設」を柱にした積み木を示します。

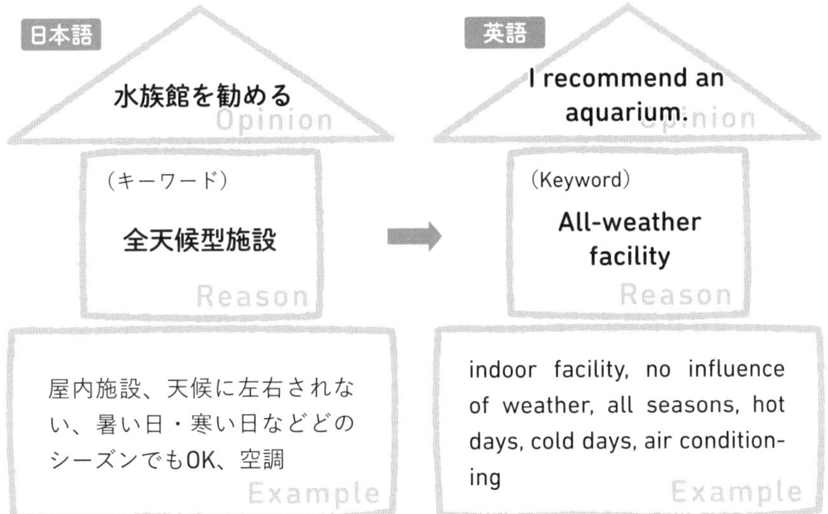

サンプル意見

ティーンエージャーの初デートの場所として、水族館を勧めます。

なぜならお天気にかかわらず楽しめるから。

水族館には雨でも晴れでも行けるけど、雨の日に動物園に行っても全然楽しくないですよね。水族館は室内で空調も効いているから、暑い日でも寒い日でも快適。言い換えると、水族館は全天候型の季節を問わない施設というわけです。初めてのデートには計画がとても大事。悪天候のせいで驚いたりがっかりしたりするべきではないでしょう。初デートには水族館が絶対にベターチョイスです。

I recommend an aquarium as a spot for a first date of a teenage couple.

This is because aquariums are fun in any weather.

We can go to an aquarium, rain or shine. But it's no fun going to the zoo on a rainy day. Aquariums are indoors and air-conditioned, so we feel comfortable on hot days and cold days. In other words, an aquarium is an all-weather, all-season place. For the very first date, planning is very important. There should be no surprises or disappointments due to bad weather. An aquarium is definitely a better choice for a first date.

初デートの重要性に注目しています。成功させるには天候の影響をなくしたい。水族館なら雨でも暑い夏でも快適なので、「全天候型施設」を理由にしています。

お題

LINE, FacebookやTwitterなどのSNSを積極的に利用する・利用しない。

I will / will not actively use SNS, such as LINE, Facebook and Twitter.

今や情報社会の中で、生活の隅々にまで浸透しつつあるソーシャル・ネットワーク・サービス（SNS）には、LINE, Facebook, Twitter など数々の種類があります。SNS とどう関わるかは、個人によりさまざまでしょう。「積極的に利用する」利点と欠点（pros and cons）を考え、それぞれの立場で主張してみましょう。

Opinion

SNS を積極的に利用する。I will actively use SNS.

はじめに日本語、それから英語で ORE の積み木を作ってください。

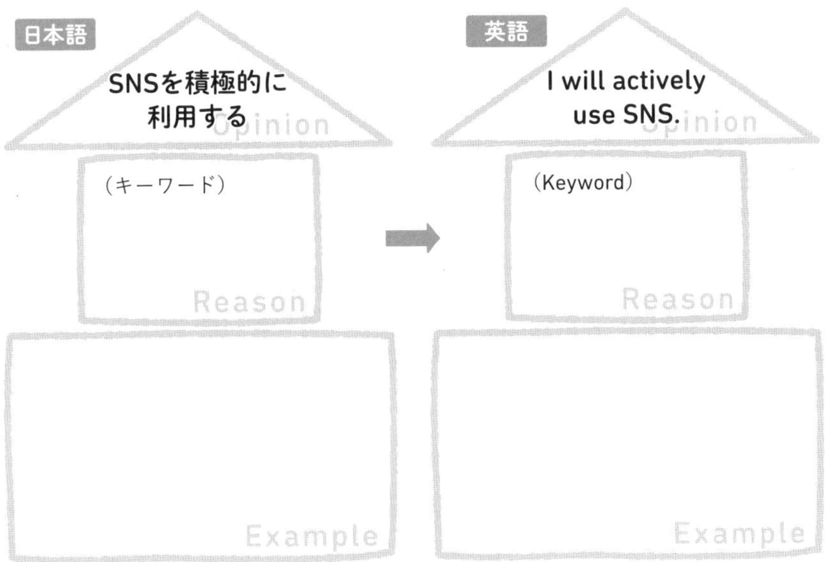

考えられる理由のキーワード例

—便利、有益	convenient, useful
—楽しい、気晴らし	fun, enjoyment
—情報発信・情報源	sending out information, information source
—最新ニュース	latest news, updates, real-time information
—つながり	ties, connect/reconnect with people
—速くて手軽	quick and easy
—ネットワーキング	networking
—無料の機能（メッセージ、電話）	free features（messages, phone/video calls）

第2章 一本柱のORE

サンプル積み木

理由として、「利便性」を柱にした積み木を示します。

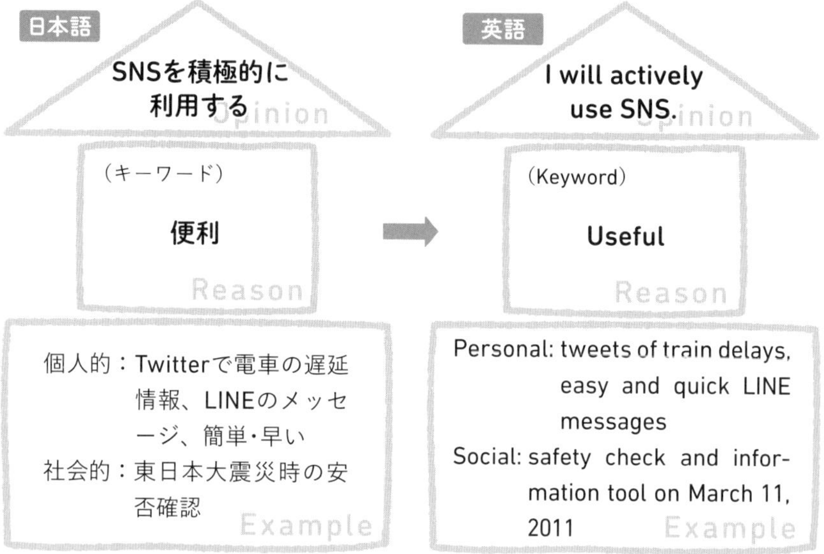

サンプル意見

私は SNS を積極的に使います。

なぜなら便利だから。

最初に個人的な例を挙げます。私はリアルタイムの情報を得るために Twitter を使っていて、毎朝電車が遅れていないかどうかチェックしています。ツイートには最新ニュースがいっぱい。友達と連絡を取るときは LINE も使っています。友人はいつもケータイを持っているからすぐに返事がきます。次に、社会的な例を挙げます。SNS は 2011 年 3 月 11 日に安全確認のために使われました。東日本大震災のとき、電話網や交通網が遮断されましたが、SNS はきわめて重要なコミュニケーション・ツールとして使われて、人々はSNSを使って損傷を報告し、家族や友人の安否を確かめました。SNSは役に立つし便利です。SNSなしでは一日だって過ごせません。

I'll actively use SNS

because it is useful.

First, I want to give my personal examples. I use Twitter to get real-time information. I check it every morning to see if the train is delayed. Tweets are full of news updates. I also use LINE to communicate with my friends. They always carry cell phones around and respond quickly. Second, a social example. SNS was used for safety check on March 11, 2011. The great earthquake hit East Japan and destroyed telephone and traffic systems. But SNS worked as a vital tool of communication. People used SNS to report damage and inquire after their families and friends. SNS is very useful and convenient. I can't live a single day without it.

事例としてSNSが東日本大震災のときに活躍したことが述べられています。このように意見を構築するときは、社会的な事例を含めるとより広い視野での議論が可能になります。

Opinion

SNS を積極的に利用しない。I will not actively use SNS.

はじめに日本語、それから英語で ORE の積み木を作ってください。

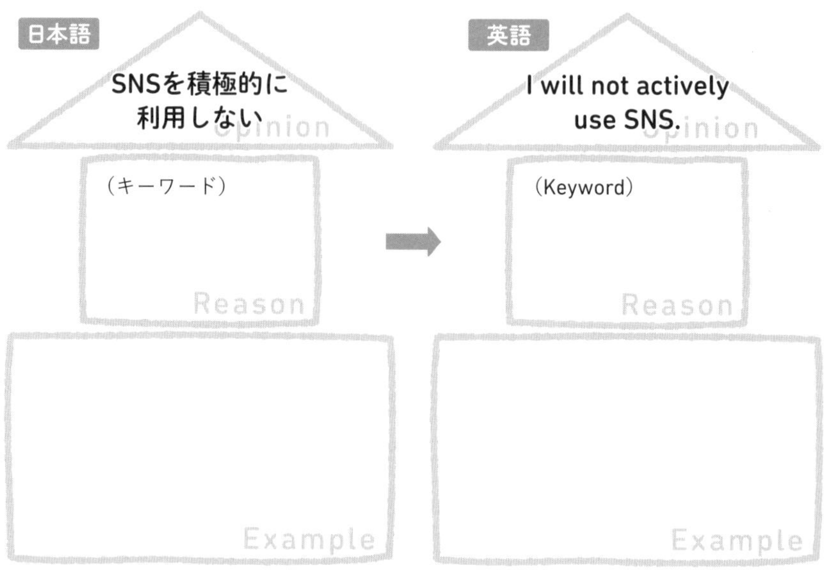

考えられる理由のキーワード例

—プライバシー侵害	privacy violation, invasion of privacy
—個人情報保護	personal information protection
—データ漏洩	data leakage, information leak
—同調圧力	peer pressure
—仕事・勉強の邪魔	distraction during work/study
—時間の浪費	waste of time
—情報過多	too much information
—対人関係の不足	less face-to-face communication
—犯罪の温床	hotbed of crimes
—ネットいじめ	cyberbullying

サンプル積み木

理由として「プライバシー侵害」を柱にした積み木を示します。

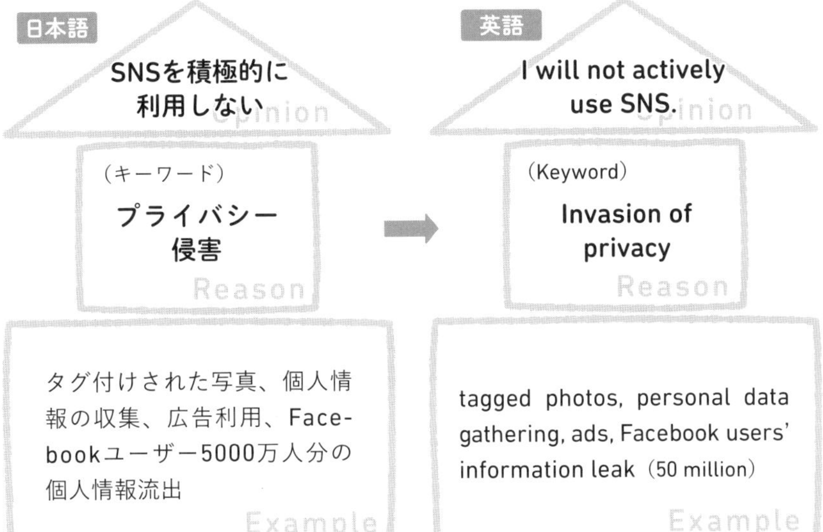

サンプル意見

私はSNSを積極的に使いません。

なぜならプライバシーの侵害が心配だから。

たとえば、友達があなたの写真をSNSに投稿したら、即座に世界中にばらまかれる可能性があります。そうなったらネットから削除するのはほとんど不可能。SNSは個人の検索データを集めて、どんな趣味や興味を持っているかを知り、ビジネス目的でそのデータを使います。たとえば、ヨガ用のウェアを検索すると、パソコン画面に近所のヨガスタジオの広告が表示されたりするでしょう。2018年には5千万人ものFacebookユーザーの個人データが、ネットワークへの攻撃により漏洩しました。SNSを使うということは、便利さと引き換えに自分のプライバシーを売るようなもの。私は絶対に必要な場合以外はSNSを使いません。

I will not actively use SNS
because I'm afraid of the invasion of privacy.
For example, if your friend puts your photos on SNS, they can spread quickly around the world. It's almost impossible to remove such photos from the network. SNS also gather data on your searches and learn about your hobbies and interests. The data will be used for business purposes. For instance, if you search for yoga outfits, you are likely to get ads for a local yoga studio on your PC. In 2018, personal data of nearly 50 million Facebook users leaked because of an attack on its network. When you use SNS, you are selling your privacy for convenience. I will use SNS only when absolutely necessary.

こちらの意見でも個人の例と社会的な事例を挙げています。Facebookの情報漏洩の莫大な数値を使って説得力を高めています。

SNSの功罪を論じるとき、さまざまな論点があるため絞り込まないと議論が拡散してしまいがちです。サンプル意見では、包括性の高い着目点である「利便性」と「プライバシー侵害」をそれぞれ対立軸として選んでいるので、どちらかというと大人を念頭に置いた議論です。中高生のSNS利用に関してならば、「仲間作り」と「ネットいじめ」などまったく異なる論点の組み合わせが考えられるでしょう。大勢と討論するときには、論点を擦り合わせると、話が拡散するのを防げます。

5 論理の型を共有する必要性

息子が小学生だったころ、カリフォルニアに住んでいたことがあります。現地小学校の授業参観をしたとき、先生が子供たちに because を語らせようとしているのが印象的でした。こんな感じです。

子供： I want to be a pilot.
先生： Because...?
子供： Amm...because I want to fly airplanes.
先生： Why do you want to fly airplanes?
子供： Because they're cool.
先生： Why are they cool?
子供： Because airplanes are the fastest way to travel around the world.

子供の「パイロットになりたい」という発言に対し、先生は Because...? と返しました。「そこで終わらせないで、パイロットになりたい理由を続けて話しなさい」という促しです。子供たちは常に自分自身に「why＝なぜ？」と問いかけ「because＝なぜなら」を答える訓練を受け、why-because の型を小さいときから身につけます。

また、小学生でもエッセイを書く宿題が出ます。たとえば毎週ショートエッセイを提出する5年生の教室では、次のようなテーマが与えられていました。

1. If you happened to see one of your friends doing something wrong, should you tell on them? Why or why not?

友達の誰かが何か悪さをしているのをたまたま見てしまったら、あなたは先生に言いますか。言うなら、なぜ？　黙っているなら、なぜ？

2. Should candy and soda vending machines be installed on school property? Why or why not?
お菓子と炭酸ジュースの自動販売機を学校内に設置するべきか。設置すべきなら、なぜ？　設置すべきでないなら、なぜ？

このような宿題を課された小学生は、主張をはっきりさせ、理由をしっかり述べて適当な具体例を挙げるように指導されます。まさに本書が目指すゴールと同じです。日本の小学校の作文では、遠足や運動会などのイベントで「何をしたか」を書いたり、読書感想文で「自分がどう感じたか」と主観を述べたりするのが大半でしたから、彼我の違いに驚きました。

第3章

複数の柱の積み木を作る

ここからは積み木の柱を2本、3本に増やします。一本柱は細いと不安定になり、たとえ太くてもヒビが入ると、大きな屋根を支えられません。理由と事例を複数にすると、どっしりした土台に柱がバランスよく立ちます。柱のどれかに弱点があり反論を受けた場合でも、残りの柱で主張を支え続けることができます。

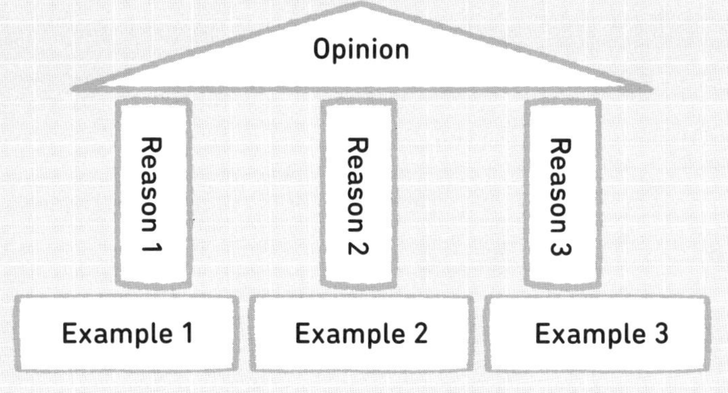

1 アイデアの分類

複数の柱を持つ ORE の積み木を作るためには、種々雑多な情報やアイデアを分類して整理しなければなりません。まずは日本語で練習しましょう。

お題

小学生には給食がいいか、弁当がいいか？

最初のステップはアイデアをできるだけ多く見つけるためのブレーンストーミングです。みなさんもやってみてください。

右の図では、紙の真ん中に「給食」と「弁当」を書き、それぞれ放射状によい点（pros）・悪い点（cons）などを思いつくまま書いています。1つの単語から連想する言葉をつなげて、アイデアを整理しています。

このブレーンストーミングではアイデアを3つの塊に分け、それぞれの塊を要約する言葉（★付き）を当てました。給食でも弁当でも同じ作業をしています。これによってアイデアが分類され、3本の柱の積み木を作る設計図が完成しました。

1-1 キーワードを考える

「給食のほうがよい」という意見を支持する積み木を日本語で作ってみましょう。ここでは、理由のキーワードを見つける練習をします。事例を読んで、理由としてふさわしいキーワードを a. ～ h. から選んでください。

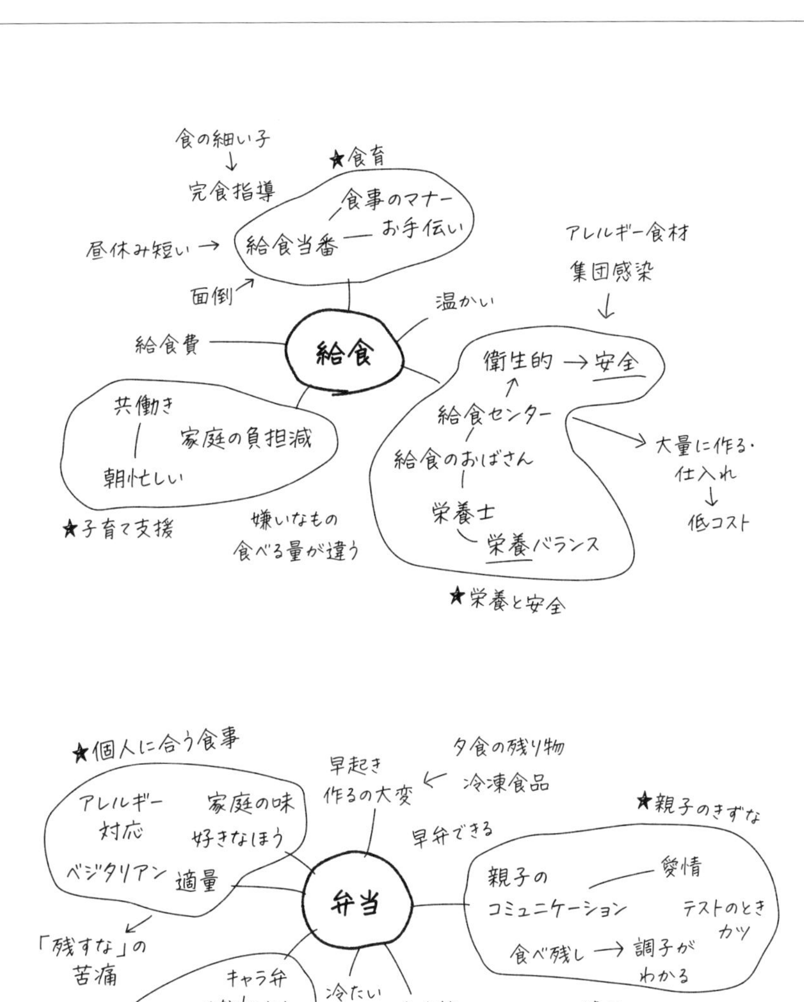

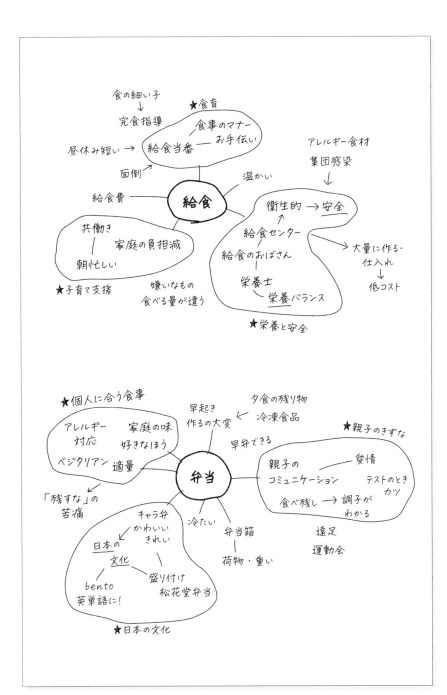

給食
★食育
食の細い子
完食指導
食事のマナー
給食当番
お手伝い
昼休み短い
面倒
温かい
給食費
アレルギー食材
集団感染
衛生的
安全
給食センター
大量に作る・
仕入れ
低コスト
給食のおばさん
栄養士
栄養バランス
★栄養と安全
共働き
家庭の負担減
朝忙しい
★子育て支援
嫌いなもの
食べる量が違う
弁当
★個人に合う食事
アレルギー
対応
家庭の味
好きなほう
ベジタリアン
適量
「残すな」の
苦痛
早起き
作るの大変
夕食の残り物
冷凍食品
早弁できる
★親子のきずな
親子の
コミュニケーション
愛情
テストのとき
カツ
食べ残し
調子が
わかる
遠足
運動会
冷たい
弁当箱
荷物・重い
キャラ弁
かわいい
きれい
日本の
文化
盛り付け
松花堂弁当
bento
英単語に!
★日本の文化

Opinion 小学生には給食がよい。

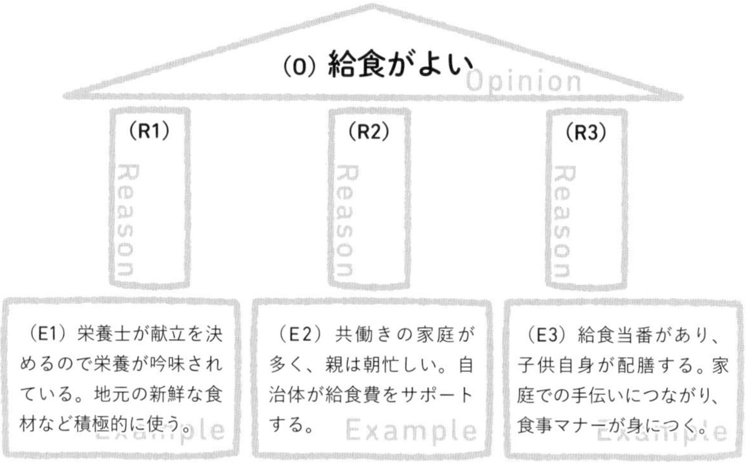

(O) 給食がよい Opinion

(R1) Reason

(R2) Reason

(R3) Reason

(E1) 栄養士が献立を決めるので栄養が吟味されている。地元の新鮮な食材など積極的に使う。 Example

(E2) 共働きの家庭が多く、親は朝忙しい。自治体が給食費をサポートする。 Example

(E3) 給食当番があり、子供自身が配膳する。家庭での手伝いにつながり、食事マナーが身につく。 Example

キーワード候補

a. 安全
b. 経済的
c. 子育て支援
d. コミュニケーション
e. 効率がよい
f. 低コスト
g. 栄養管理
h. 教育の場

Reasonの選択

R1 ＿＿＿＿＿ R2 ＿＿＿＿＿ R3 ＿＿＿＿＿

サンプル意見

(O) 小学生には給食のほうがよいです。理由は３つあります。(R1) 第一に栄養管理。(E1) 給食は栄養士がカロリーや栄養バランスを考えて献立をたてています。そのため日々のメニューがバラエティーに富んでいます。最近は、地元の新鮮な食材を使う努力もされています。(R2) ２つ目の理由は子育て支援。(E2) 弁当は作る人にとって大きな負担で、共働き家庭では特に大変です。弁当が給食になれば親の負担が減るので、多くの自治体は給食費を補助しています。(R3) 最後に、給食は教育の場。(E3) たとえば、子供が給食当番で配膳を経験することは、家でお手伝いするきっかけになります。また食前食後の挨拶や食器の扱い方などのマナーを教えることもできます。(O: punchline) 子供はもちろん、親のためにも給食を！

OREの積み木を作って、最後に意見 (O) を繰り返すとOREOが完成します。冒頭と同じ文を繰り返すかわりに、「子供はもちろん、親のためにも給食を！」と締めくくっています。意見を述べるときは結論を再度示して締めるのが大切で、記憶に残るパンチライン (punchline) があると、強い印象を与えられます。

答え R1 g. 栄養管理 R2 c. 子育て支援 R3 h. 教育の場

1-2 事例を考える

次は「弁当のほうがよい」という意見を支持するOREの積み木です。理由の柱 (キーワード) は「個人に合う食」「親子の絆」、そして「日本の文化」の3本です。

Opinion 小学生には弁当がよい。

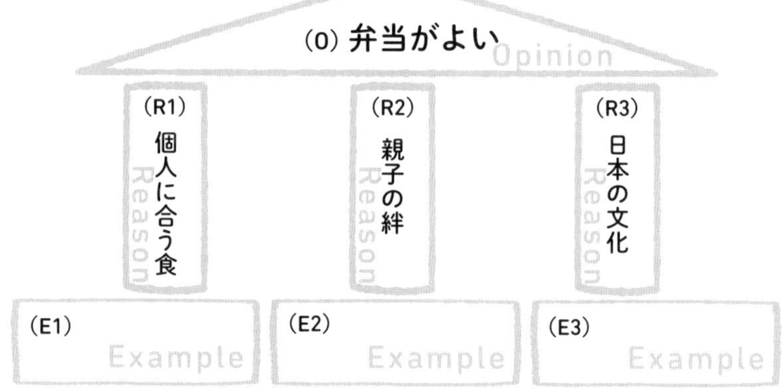

それぞれの柱を支える土台となる適切な事例を次の a. 〜 l. から選んでください。給食派・弁当派の意見を支持する事例が混ざっています。

事例の候補

a. 好きなものを食べられる。食の細い子は適量食べられる。
b. 献立は、栄養的に吟味されバラエティーに富んでいる。
c. 卵・そばなど食物アレルギーを持つ子供の場合、対応が安心できる。
d. 調理やかわいい飾りつけなどで愛情を示せるし、子供の食欲も増す。
e. イスラム教徒は豚肉、ヒンズー教徒は牛肉を食べない。ベジタリアンの人もいる。
f. 冬は温かい食事が食べられるし、夏は腐る心配をしなくてもよい。
g. SNSなどでキャラ弁画像が人気で、海外でも人気である。
h. 最近は共働きの家庭が増えているので、親の負担は少ないほうがよい。
i. 配膳の用意などを子供が行うことで教育効果がある。
j. 完食したか残したかで子供の体調がわかる。家庭の味。
k. 学校に行くとき荷物が軽くなる。
l. 季節感を持たせ、小さな器に見栄えよく盛りつける弁当は日本の伝統。bentoは英単語になっている。

Exampleの選択

E1 ______ E2 ______ E3 ______

サンプル意見

(O) 小学生には弁当のほうがよいです。理由は3つあります。(R1) 第一に個人に合う食材。(E1) 弁当は子供が好きな食材を詰められます。食物アレルギーがある場合は、生死にかかわるので親が管理するのが一番です。また食の細い子は適量にできるので、「残さず食べなさい」という指導で苦しまなくてすみます。(R3) 第二の理由は親子の絆。(E3) 親は飾りつけや食材の選択を通じて子に愛情を示せます。たとえおにぎりだけでも、弁当は子供にとって大事な「家庭の味」です。また完食したか残したかで、子供の毎日の体調を知ることができます。(R3) 最後に、日本の文化。(E3) 小さな器に彩り美しく盛りつける日本のお弁当は世界に知られています。工夫をこらしたキャラ弁も称賛を浴びています。bento は英単語として海外の辞書に載っています。(O: punchline)　子供には、素敵なお弁当を食べる喜びを！

最後に意見 (O) を再度述べて OREO の完成です。「子供には素敵なお弁当を食べる喜びを！」というパンチラインで主張が強く感じられますね。

答え　**E1**　a, c（eも可）　**E2**　d, j　**E3**　g, l

給食派が使える事例　b, f, h, i, k

第3章 複数の柱の積み木を作る

2 ナンバリング（Numbering）

直前のお題の日本語サンプル意見を読んで気づいたことはありますか。意見を支える理由が３つある場合、最初に「理由は３つある」と述べて、各理由のキーワードに「1番目(第一に)」「2番目(第二に)」「3番目(最後に)」と番号を付けていました。これは、ナンバリングと呼ばれる簡単なテクニックで、最初に全体の構造を示すために行います。

理由は3つあります。	I have three reasons.
（A, BとCです）	（A, B, and C）
1番目の理由はAです。	The first reason is A.
2番目の理由はBです。	The second reason is B.
3番目の理由はCです。	The third reason is C.

ナンバリングは会議・プレゼンテーション・インタビュー・買い物など日常のあらゆる場面で効力を発揮します。たとえば、プレゼンで新製品を紹介するとしましょう。下記の例に示すように、冒頭でポイントの数を示しその内容を短く整理すると効果的です。

新発売のモデルXには、小型化・高性能化・省エネという3つの特長があります。それぞれの特徴について説明します。
まず小型化から始めます。

The newly launched Model X has three features—downsizing, higher performance, and energy saving. I'm going to explain each of these features.
First, let me talk about downsizing.

このように「1つ、2つ」と話が進めば、聞き手は「半分まで来た」「もう少しで終わり」と進捗状況を確認できます。「いつ終わるんだろう」と思いながら聞くのとでは大違い。

頭に予測の枠組み（型）を作り、次の展開を予測しながら話を聞くと、内容の理解度もぐんと上がるので、ナンバリングは意見を述べる側・受ける側どちらにも大きなメリットがあります。

質疑応答でも同様です。小泉進次郎さんが2019年に環境相として入閣して、新聞記者にインタビューを受けていたときです。妻の滝川クリステルさんが数か月後に出産を控えて、赤ちゃん誕生後に育児休業をとるか否かについて質問を受け、彼は次のように答えました。「大事なことは3つ。1つ目は公務最優先、そして2つ目は危機管理は万全、そして3つ目は妻の不安払拭」と、わかりやすいキーワードを並べ、数十秒で簡潔に要点を伝えていました。

日常生活の買い物でも、ナンバリングは役に立ちます。たとえば、ドーナツを買うとき「シナモンと、チョコと……」と一つ一つ指さすかわりに、「全部で8個、テイクアウトでお願いします」と最初に伝えれば、店員さんは適当な大きさの箱を手にして待ちかまえてくれるでしょう。

3 ナンバリングの表現をマスター

次は英語でナンバリングする練習をしましょう。「都会では猫と犬のどちらがペットによいか」というトピックを取り上げます。単に猫と犬を比較すると議論が広がりすぎてしまうので、「都会でペットを飼うなら」という条件を付けました。

お題

都会でペットを飼うなら、猫がいいか犬がいいか？

Which makes better pets in cities — cats or dogs?

意見を読んで、事例をまとめる理由にはどんなキーワードがよいか、英語の単語を考えてください。

Cats make better pets than dogs in cities.

（理由は3つあります。A, B と C です。）

（1番目の理由は A です。）For example, when you go on an overnight trip, you can leave cats alone at home with food and water. Cats manage by themselves while dogs need dog sitters or have to go to pet hotels.（2番目の理由は B です。）Cats only purr or meow, but dogs bark loudly. If a dog barks at night, neighbors will complain to the dog's owner.（3番目の理由は C です。）Cats are smaller than dogs and therefore eat less. Also, cats do not need regular trimming. Dog trimmers sometimes charge more than your hairdressers. For these reasons, I'd definitely opt for a cat as a pet.

キーワード A, B, C を考えたら、その単語を使って括弧内の日本語を英語にしてみましょう。

理由は3つあります。A, B と C です。

1番目の理由は A です。

2番目の理由は B です。

3番目の理由は C です。

サンプル英文

複数のサンプルを用意しました。表現パターンの参考にしてください。

理由は3つあります。A, B と C です。

I have three reasons — independent, quiet, and inexpensive.
理由は3つ、自立、静か、割安です。

I have three points — cats stay alone, make less noise, and cost less to keep.
ポイントは3つあります。猫はほうっておける、うるさくない、そして犬より少ない費用で飼える。

＊「理由」はreason以外に、「論点」を表すpointも使えます。

＊ 最初の文ではindependent, quiet, inexpensiveと形容詞でそろえています。次の文ではstay, make, costと動詞でそろえています。英文ライティングでは、このように形容詞、名詞、動詞など同じ品詞の単語をそろえて並べるときれいです。このスタイルをパラレリズム（parallelism）と呼びます。

1番目の理由はAです。

First, independent.	1番目は、自立。
My first point is "independence."	1番目のポイントは「自立」です。
First, cats are more independent than dogs.	第一に、猫は犬より自立しています。
The first reason is that cats can stay alone.	1つ目の理由は、猫はほうっておけることです。

2番目の理由はBです。

Second, quiet.	2番目は、静か。
My second point is "less noise."	2番目のポイントは「鳴き声が小さいこと」です。
Secondly, cats are quieter than dogs.	第二に、猫は犬よりも静かです。

The second reason is that cats make less noise than dogs.	2つ目の理由は、猫は犬よりもうるさくないことです。

3番目の理由はCです。

Third, inexpensive.	3番目は、割安。
My third point is "low cost."	3番目のポイントは、「低コスト」です。
Lastly, it costs less to keep cats.	最後に、猫を飼うのは割安です。
The third reason is that cats are cheaper to keep than dogs.	3つ目の理由は、猫を飼うのは犬を飼うより安いことです。

猫だけえこひいきするのはよくないので、「犬がいい」という意見でも同じ練習をしましょう。理由にはどんな要約のキーワードがよいか考えてください。

Dogs make better pets than cats in cities.
(理由は3つあります。A, BとCです。)
(1番目の理由はAです。) Dogs are said to be "men's best friends." Dogs are more attached to humans than cats. For example, Hachiko, the famous dog in Shibuya, went to the station every evening to wait for his master to come home. **(2番目の理由はBです。)** Dogs bark at strangers. Thieves and burglars avoid houses with dogs. More crimes occur in cities, so dogs are useful for home security. **(3番目の理由はCです。)** Dog owners take their dogs for walks every day. This habit is good for the owners' health. Regular walks are also opportunities to meet other owners and

dogs, which is good for mental health too. For these reasons, I'll keep a dog as a pet.

キーワード A, B, C を考えたら、その単語を使って括弧内の日本語を英語にしてみましょう。

理由は 3 つあります。A, B と C です。

---

1 番目の理由は A です。

---

2 番目の理由は B です。

---

3 番目の理由は C です。

サンプル英文

複数のサンプルを用意しました。表現パターンの参考にしてください。

理由は３つあります。A, B と C です。

There are three reasons — loyal animal, home security, and owner's health.
理由は３つ、忠実な動物、家庭の安全、飼い主の健康です。

I have three points — dogs are loyal, useful for home security, and good for the owners' health.
ポイントは３つあります。犬は忠実で、家庭の安全に役立ち、飼い主の健康によいことです。

１番目の理由は A です。

First, loyal animal.	１番目は、忠実な動物。
My first point is "a loyal animal."	１番目のポイントは、「忠実な動物」です。
First, dogs are loyal to humans.	第一に、犬は人間に忠実です。
The first reason is that dogs are men's best friends.	１つ目の理由は、犬は人間の最良の友ということ。

２番目の理由は B です。

Second, home security.	２番目は、家庭の安全。
My second point is "home security."	２番目のポイントは、「家庭の安全」です。
Secondly, dogs are useful for home security.	第二に、犬は家庭の安全に役立ちます。

The second reason is that dogs protect homes.	２つ目の理由は、犬は家庭を守るということです。

3番目の理由はCです。

Third, owners' health.	３番目は、飼い主の健康。
My third point is "owners' health."	３番目のポイントは、「飼い主の健康」です。
Lastly, dogs make their owners healthy.	最後に、犬は飼い主を健康にします。
The third reason is that dogs are good for the owners' health.	３つ目の理由は、犬は飼い主の健康によいということです。

4 2本柱の積み木を作る

ここからは、みなさん自身も一から意見をまとめてください。まず、2本柱の積み木を作る練習から始めましょう。

お題

大好きなものは先に食べるのがよいか、最後までとっておくのがよいか？

Which is better — eat your favorite food first or save it for last?

みなさんはどちらの食べ方ですか。ここでは自分とは関係なく、それぞれの食べ方が「なぜよいか」を、聞き手が納得するよう客観的に説明しましょう。

これ以降、日本語でブレーンストーミングをしたあと、ただちに英語で積み木を作り、OREの型に沿って意見をまとめるステップに移行します。

Opinion

大好きなものを先に食べるほうがよい。
It's better to eat your favorite food first.

ブレーンストーミング

日本語で理由のキーワードを2つ、そして簡単な事例を考えてください。

理由のキーワード	事例
1. ______________	______________
2. ______________	______________

2本柱を立てる

キーワードを英語にして積み木に書き入れてください。事例も短いフレーズで書き入れましょう。

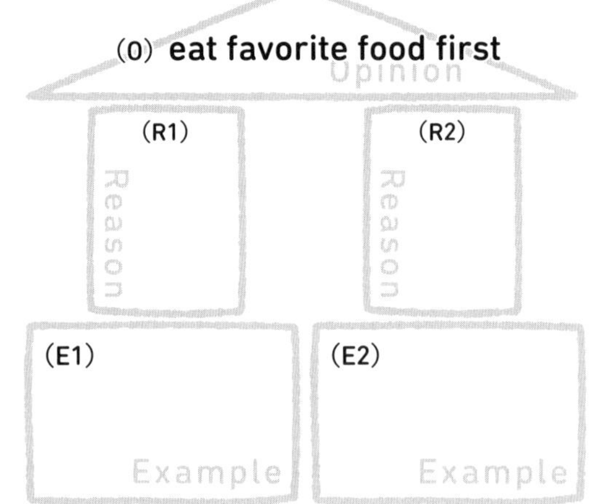

あなたの意見

意見のアウトラインを英語のセンテンスにしてみましょう。

It's better to eat your favorite food first.

I have two reasons—______________________________.

My first reason is ______________________________.

My second reason is______________________________.

サンプル意見

ここからは英語のサンプル意見を先に紹介します。OREO の構造、ナンバリング、パンチラインを表示しています。

(O) It's better to eat your favorite food first.

(R: numbering) I have two reasons—empty stomach and food temperature.

(R1) First, an empty stomach. (E1) Hunger stimulates the appetite. Your favorite food tastes best when you're hungriest. If you save it for last, you may get full halfway and be unable to enjoy it as much. (R2) Second, food temperature. (E2) Hot dishes should be eaten hot, and cold dishes eaten cold. If you leave food untouched for a while, you'll have to eat lukewarm food.

(O: punchline) Eat your favorite food first so that it tastes its best.

大好きなものは先に食べるほうがよいです。

理由は２つ。空の胃袋と食品の温度です。

１つ目は、空の胃袋。空腹は食欲を刺激します。好きな食べ物は、最もお腹が空いているときに一番おいしく食べられます。最後までとっておいたら途中で満腹になって、空腹時ほど楽しめなくなってしまうかもしれません。２つ目は、食品の温度。温かい料理は温かいうちに、冷やした料理は冷たいうちに食べるべき。しばらく手付かずにしておくと、生ぬるい物を食べる羽目に陥ります。好きなものは先に、おいしいうちに食べましょう。

次に反対意見もやってみましょう。

Opinion

大好きなものは最後までとっておくほうがよい。
It's better to save your favorite food for last.

ブレーンストーミング

日本語で理由のキーワードを２つ、それから簡単な事例を考えてください。

理由のキーワード	事例
1. ＿＿＿＿＿＿	＿＿＿＿＿＿
2. ＿＿＿＿＿＿	＿＿＿＿＿＿

2本柱を立てる

キーワードを英語にして積み木に書き入れてください。事例も短いフレーズで書き入れましょう。

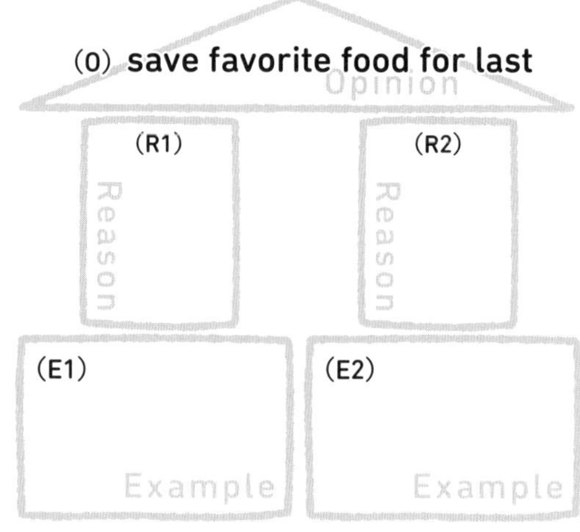

あなたの意見

意見のアウトラインを英語のセンテンスにしてみましょう。

It's better to save your favorite food for last.

I have two reasons—＿＿＿＿＿＿＿＿＿＿＿＿.

My first reason is ＿＿＿＿＿＿＿＿＿＿＿＿.

My second reason is＿＿＿＿＿＿＿＿＿＿＿＿.

サンプル意見

(O) It's better to save your favorite food for last.

(R: numbering) I have two reasons—nutritional balance and good finish.

(R1) First, nutritional balance. (E1) When you save your favorite food for last, you eat everything on the plate—for example, vegetables—that you may not like. This way, you always eat a well-balanced meal. (R2) Second, good finish. (E2) There is a saying "All is well that ends well." If you finish the meal with your favorite food, you feel most satisfied at the end. (O: punchline) Thus, saving favorites for last is good for both the body and mind!

大好きなものは最後までとっておくほうがよいです。

理由は2つ。栄養バランスと良い終わり方です。

1つ目は栄養バランス。好きなものを最後までとっておくと、お皿に乗っているもの、たとえば好きではないかもしれない野菜も含めて全部食べることになります。そうすれば常にバランスのよい食事が摂れます。2つ目は良い終わり方。「終わり良ければすべて良し」ということわざがあります。食事を大好きな食べ物で終えれば、最後に最高の満足感を得られます。好物を最後までとっておけば、体も心もどちらも喜びます!

こんなふうに、日常のなんでもない事柄に対しても選択の理由を考えると、常に「なぜなら」を語れるマインドを作ることができます。どんな物事にも賛否両面がある(You can find pros and cons for every topic!)ことを忘れないでください。

4-1 賛成と反対の立場で考える

ここまでは主に「A と B ではどちらがよいか」という二者択一のトピックを取り上げてきました。次からは賛成・反対を表明する論題が登場します。それに先立って、賛成と反対の英語表現を紹介します。賛否を表明するには、for または against、agree または disagree の 4 単語だけでもなんとかなります。初めのうちは好きなパターンを繰り返し使ってかまいません。特にスピーキングでは、定型表現を用意してあると心の余裕が生まれます。馴染みのフレーズを機械的に口にする間に、次は何を言おうかと考えられるのです。ライティングでも決まった型を持っていると、中身を磨くのに時間を割けます。

※括弧の中には78ページと82ページのお題の例を入れています。

賛成の表現

I'm for（mandatory paternity leave）.	（男性の育休義務化）に賛成です。
I agree with（mandatory paternity leave）.	（男性の育休義務化）に賛成です。
I agree that（we should make paternity leave mandatory）.	（男性の育休を義務化すべきだという意見）に賛成です。
I agree with you on that point.	その点についてはあなたの考えに賛成です。
I agree with what you said.	おっしゃることに賛成です。
I agree to the suggestion.	提案に賛成です。
I second your opinion.	あなたの意見を支持します。

反対の表現

I'm against (mandatory paternity leave).	（男性の育休義務化）に反対です。
I disagree with (mandatory paternity leave).	（男性の育休義務化）に反対です。
I disagree that (we should make paternity leave mandatory).	（男性の育休を義務化すべきだという意見）に反対です。
I don't agree to that point.	その点については賛成できません。
I don't agree with your idea.	あなたの考えに賛成できません。
I can't accept your idea.	あなたの考えは受け入れられません。
I can't support your idea.	あなたの考えを支持できません。
I'm not in favor of your opinion.	あなたの意見を支持できません。
I'm opposed to the plan.	そのプランには反対です。
I oppose the plan.	そのプランには反対です。

それでは賛否両論あるトピックで、意見をまとめる練習をしましょう。2本柱の積み木を作ります。

お題

男性の育児休暇を法律で義務化する。賛成・反対？

Making paternity leave mandatory. Agree or disagree?

注：mandatoryは「法律により命じられた（required by law）」を表す形容詞です。
母親の育児休暇・産休はmaternity leaveと言います。

2019年6月に厚生労働省が発表した統計によると、男性の育児休暇の取得率は2018年で6.16%にすぎず、政府が目指す2020年に13%という目標には遠く及びませんでした。男女で共に子育てをする社会に向けて、男性の育休義務化のpros and consを考えてみましょう。まずは賛成意見です。

Opinion

男性の育児休暇を法律で義務化することに賛成。
I'm for mandatory paternity leave.

ブレーンストーミング

日本語で理由のキーワードと簡単な事例を2つ以上考えてください。その中で最も強いと思う2つを選んでください。

	理由のキーワード	事例
1.		
2.		
3.		
4.		

2本柱を立てる

キーワードを英語にして積み木に書き入れてください。事例も短いフレーズで書き入れましょう。

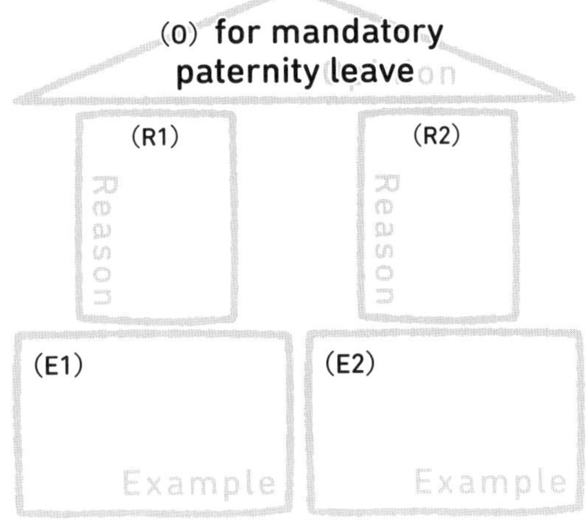

考えられる理由のキーワード例

—「育児は女性」の意識	childcare considered as women's work
—イクメンを増やす	men's participation in childcare
—男性の取得率は低い	small percentage of paternity leave taken
—日本の企業風土	Japanese corporate culture
—意識改革には法制化が必要	legal force needed to change awareness
—ワンオペ育児	solo parenting
—働き方を見直すきっかけ	reform of working practices
—働く母親の支援	support of working mothers
—男女・職場の平等	gender/workplace equality

どんな積み木ができましたか。次は他の人の意見を分析する練習です。

1. 2つの理由は空欄になっています。できるだけ語数の少ない英語キーワードを考えて、括弧の中に入れてください。

I'm for mandatory paternity leave.

I have two reasons — (　　　　　) and (　　　　　).

First, legal force is needed to change corporate culture. In Japan, mothers are expected to take care of their babies, so only 6.16% of fathers took paternity leave in 2018. Many fathers wish to take paternity leave but feel hesitant about it. This is because few bosses encourage them and there are few role models. Drastic measures are needed to change Japanese corporate culture. Second, paternity leave allows fathers to support mothers more. In Japan, many women quit their jobs to raise children and often do solo parenting. Enforcing paternity leave would balance the responsibilities between mother and father and help women get back to work. In summary, this plan has advantages for both men and women in Japanese society.

2. OREの構造を把握しましょう。読み取った内容を短い日本語または英語で積み木に書き入れてください。

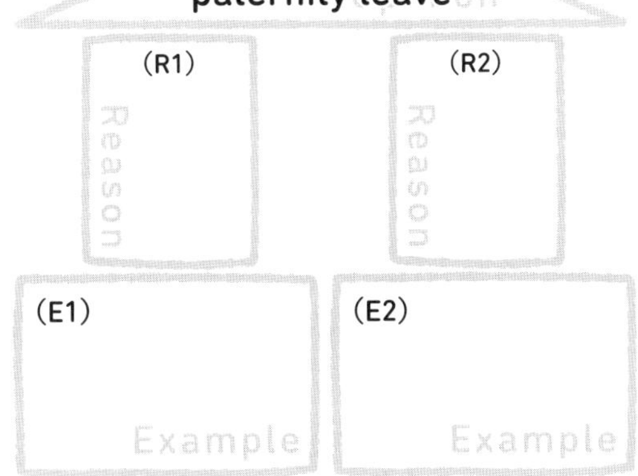

日本語訳

(O) 男性の育児休暇を義務化するのに賛成です。

(R: numbering) 理由は2つあります。企業文化を変えること、母親を支援することです。

(R1) 最初に、法律による強制は企業文化を変えるのに必要です。(E1) 日本では、母親が赤ちゃんの世話をするとされています。そのため2018年に育児休暇を取得した男性はたったの6.16%でした。多くの父親が育児休暇をとりたいと願ってはいても躊躇します。なぜなら取得を勧める上司もロールモデルもほとんどいないからです。日本の企業文化を変えるには強制手段が必要です。(R2) 2番目は、育休により父親は母親をサポートできるようになります。(E2) 日本では多くの女性が子育てのために退職し、多くの場合ワンオペ育児をします。男性の育休義務化は、母親と父親の負担を平等にし、女性が職場復帰できるようにします。(O: punchline)　まとめると、この案は日本社会の男性・女性の両方に利点があります。

理由のキーワード例

Reason 1 to change corporate culture 企業文化を変えること

Reason 2 to support mothers 母親を支援すること

次は頭を切り替えて反対の立場に立ちましょう。

Opinion

男性の育児休暇を法律で義務化することに反対。
I'm against mandatory paternity leave.

ブレーンストーミング

日本語で理由のキーワードと簡単な事例を2つ以上考えてください。その中で最も強いと思うことを2つを選んでください。

	理由のキーワード	事例
1.		
2.		
3.		
4.		

2本柱を立てる

キーワードを英語にして積み木に書き入れてください。事例も短いフレーズで書き入れましょう。

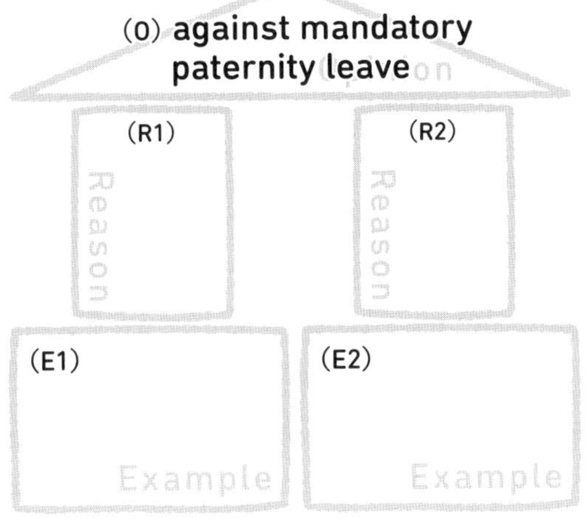

考えられる理由のキーワード例

—家庭の稼ぎ頭	family's breadwinner
—給与の減額	reduced salary
—収入が減る、経済的負担	lower income, financial burden
—育休は権利、義務ではない	paternity leave: a right, not an obligation
—育児は個人の自由意志	freedom of choice in childcare
—男性だけの強制は差別	discrimination against men
—育児スキルがない	lack of child-rearing skills
—やる気がない父親	reluctant fathers
—中小企業は人手不足	labor shortage in small companies
—人員補充のコスト	cost of hiring replacements

どんな積み木ができましたか。次は他の人の意見を分析する練習です。

1. 2つの理由は空欄になっています。できるだけ語数の少ない英語キーワードを考えて、括弧の中に入れてください。

I'm against mandatory paternity leave.

I have two reasons — (　　　　　　) and (　　　　　　).

First, many families will be likely to suffer from the financial burden of paternity leave. In Japan, workers on childcare leave are not paid their full salary. Males are usually the breadwinner of the family. If a father is forced to take paternity leave, his family may have to live on less money. Paternity leave is a right, not an obligation. Each family should be allowed to make decisions based on their own situations. Second, small companies will be likely to suffer from financial burden. Big corporations may have enough employees to cover for someone taking a leave from work, but not small companies. They usually have a shortage of labor. It's not practical for employees to take a long leave because their employers can't afford to hire replacements. In such companies, enforcing paternity leave could damage business. Thus, mandatory paternity leave will bring about economic damage to both families and corporations.

2. OREの構造を把握しましょう。読み取った内容を短い日本語または英語で積み木に書き入れてください。

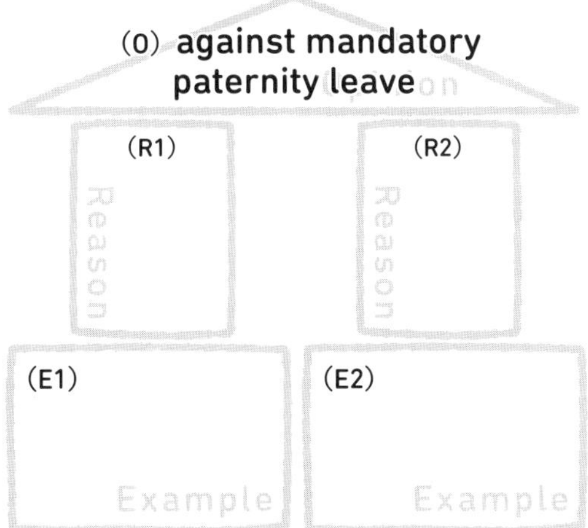

日本語訳

(O) 男性の育児休暇を法律で義務化するのには反対です。
(R: numbering) 理由は２つあります。家庭の経済的負担と、中小企業の経済的負担です。
(R1) 第一に、多くの家庭が経済的負担に苦しむ可能性があります。(E1) 日本では、育児休暇中に給料が全額払われません。家族の主な稼ぎ頭は、たいていは男性です。父親が強制的に育児休暇をとらされた場合、家族の生活費が減ってしまう可能性があります。育休は権利であり、義務ではありません。個々の状況に応じて家族が選択できるようにすべきです。(R2) 第二は、中小企業も経済的負担に苦しむ可能性。(E2) 大企業には、互いの業務を補えるだけの社員数があるかもしれませんが、中小企業はそうはいきません。通常、労働力不足に悩んでいるのです。補充の人員を雇えないため、社員は事実上長期の休みをとることができません。このような企業では、育休の義務化はビジネスに損害を与えます。(O: punchline) 男性の育休義務化は家族や企業に経済的ダメージを与えるでしょう。

理由のキーワード例

Reason 1	financial burden on families	家庭の経済的負担
Reason 2	financial burden on small companies	中小企業の経済的負担

5 3本柱の積み木を作る

意見の積み木を作るとき、理由の柱が複数あれば根拠はより強固になり、柱が多いほど説得力が増します。そのため、政策決定ではさまざまな論点を議論し、裁判では手に入る限りの根拠や証拠を示します。しかし日常生活では時間が制約され集中力も長くは続かないので、単純に柱が多ければ多いほどよいわけではありません。そこで「お勧めの数は？」と問われれば、「3」と答えます。2つだとなんとなく物足りなく、4つだと多すぎる気がする人が多いからです。3つなら十分な感じがするし、覚えてもいられます。

日本語でも英語でも、数字の3を含むことわざはたくさんあります。たとえば「仏の顔も三度まで」や Fish and guests stink after three days.（魚も客も3日すると臭くなる<迷惑になる>）。広告やキャッチフレーズでも3語を並べていることがよくあります。「そうだ京都、行こう」(JR東海の宣伝）や Drop, Cover, Hold (on)（「しゃがむ、潜る、つかまる」米国で地震訓練をするときの掛け声）など口調がリズミカルなので頭に残りますね。こんなふうに3が効果的であることを英語では the rule of three、つまり「三の法則」と言います。

ORE の積み木でも柱が3本だと安定した印象を与えます。ただし、3本が常に最適なわけではありません。論理の型を英語のエッセイ・ライティングに応用することを考えてみましょう。300語程度に語数が限られているときは、理由を3つ述べるより1つに抑えて事例をたくさん挙げたほうが、読みごたえのあるものに仕上がることがあります。反対に何十ページも書かなくてはならないときは、柱の数を増やさないと深みがでません。柱の数は臨機応変に選んでください。

5-1 理由と事例の階層化

3本の柱で積み木を作るときは、当然のことながら理由と事例の数が増えるので、今まで以上にうまく考えを整理しなくてはなりません。具体的な事柄を事例に、抽象度の高い概念を理由にしてアイデアを階層化します。階層化がうまくいかないとOREの積み木がぐらついてしまいます。次の主張を例に考えます。

就活でリクルートスーツを着ない
I will not wear a "recruit suit."

日本では新卒採用が一般的なので、就職活動の季節になると「リクルートスーツ」を着た就活生を街でよく見かけます。私服で就職面接を受けてかまわないという企業も増えているようですが、まだまだ黒スーツに白シャツがお決まり。そこで大勢に反して「リクルートスーツを着ない」と主張してみましょう。アイデアをブレーンストーミングして、理由や事例の言葉をランダムに書き出しました。

黒スーツに白シャツは制服
女子のポニーテール
個性の表現、自分らしさ
スーツは窮屈、着なれない、夏暑い
職場の多様化、グローバル化
企業により求める人材は違う
自己判断
就活マニュアルに頼らない
集団に埋もれる
横並び意識、無難さからの脱却

この結果に基づき、たとえば次の３つを理由のキーワードに選ぶと、何が問題でしょうか？

1. 個性の表現
2. 自己判断
3. 就活マニュアルに頼らない

この３つを見ると理由と事例が混ざっています。3. の「就活マニュアルに頼らない」は 2.「自己判断」の一例にすぎません。このまま３本柱の積み木を作っても、意見を展開してみれば結局は２本しか柱がなかったということに。3.「就活マニュアルに頼らない」は 2. の「自己判断」という上位概念（理由）の下に分類すべきなのです。代わりに「職場の多様化、グローバル化」や「企業により求める人材は違う」を「多様性」という上位概念でまとめて３本目の柱にできます。次のように、アイデアを抽象度に応じて階層化すればしっかりした柱が立てられます。

抽象概念（理由）	＞	**具体例（事例）**
1. 個性の表現		黒スーツに白シャツは制服
2. 自己判断		就活マニュアルに頼らない
3. 多様性		企業により求める人材は違う

日本語サンプル意見

私はリクルートスーツを着ません。

理由は３つあります。個性の表現、自己判断、そして多様性です。

まず自己表現。就活生はみな黒いスーツを着ていますが、あれは個性を消す制服みたいで、個人は集団の中に埋もれてしまいます。面接では自己 PR が重要で、服装もそのツールになりえます。２番目は、自己判断。就活生は自分の頭で考えるべきです。就活マニュアルは面接で着る服、話す内容を教えます。マニュアルの言いなりでいいのでしょうか？ 服を選ぶのは、独自の考えを持つ人間になる第一歩です。最後に、多様性。「出る杭は打たれる」ということわざがあり、大勢に従わないのは勇気がいります。でも多様化とグローバル化の今、目立つのを恐れない学生を採用したい企業もあるのではないでしょうか。私は次の面接に自分らしい服装で行きます。

英語サンプル意見

I will not wear a “recruit suit.”

I have three reasons—self-expression, self-judgment, and diversity.

First, self-expression. Job-hunting students all wear black suits like a uniform. It kills individuality and makes one buried in a crowd. Self-presentation is important in job interviews, and clothing can be a tool. Second, self-judgment. Students should think for themselves. Job-hunting manuals tell them what to wear and what to say at interviews. Is it OK to blindly follow such instructions? Choosing clothes is a starting point to be an independent thinker. Third, diversity. There is a saying “The nail that sticks out gets hammered down,” so it takes courage not to conform. But in this age of diversification and globalization, some companies may wish to hire someone with courage to stand out. For my next interviews, I’ll choose clothes that express my individuality.

5-2 pros と cons を考える

それでは階層化に注意を払って3本柱の積み木を作る練習に取り組んでください。

お題

キャッシュレス社会の恩恵と弊害

Pros and cons of a cashless society

最近は現金を持ち歩かなくても、さまざまな方法で支払いを済ますことができます。現金なしで支払えるのは便利な反面、コンビニ大手のスマホ決済セブンペイでの不正利用など大きな社会問題になりました。2019年の秋に消費税が10%にアップしたのに合わせて、日本政府はキャッシュレスを推進しています。暮らしの中でキャッシュレスの進展が及ぼす恩恵（pros）と弊害（cons）を考えてみましょう。

最初に、「キャッシュレス社会（cashless society）」を定義します。

A society in which people need no cash. Financial transactions are executed in the form of credit cards and electronic money, without using physical money such as banknotes and coins.

現金が不要な社会。紙幣や貨幣などの現金を使わなくても、クレジットカードや電子マネーを利用した電子情報による決済が行われる社会。

Opinion

キャッシュレス社会の恩恵　Pros of a cashless society

ブレーンストーミング

日本語でキャッシュレスはよいという理由のキーワードと簡単な事例を3つ以上考えてください。その中で最も強いと思う3つを選んでください。

	理由のキーワード	事例
1.	________________	________________
2.	________________	________________
3.	________________	________________
4.	________________	________________
5.	________________	________________

3本柱を立てる

キーワードと事例を英語にして積み木に書き入れてください。

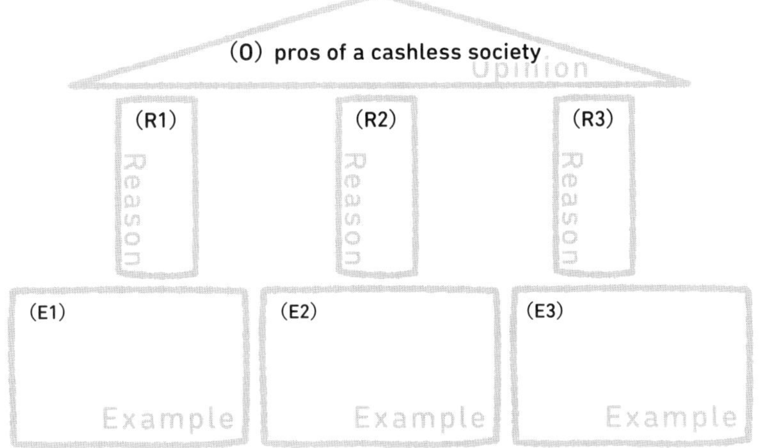

考えられる理由と事例

理由（事例）	Reasons (Examples)
便利（財布がいらない）	convenience (no wallet)
銀行やATMに行く必要がない	no visits to banks and ATMs
買い物が早い（おつりがいらない）	quick shopping (no change)
切符を買わなくてよい（交通系ICカード）	no paper tickets (prepaid transportation cards)
外国人観光客への対応（クレジットカード）	foreign travelers (credit cards issued abroad)
両替が不要（旅行）	no exchanging currency (while traveling)
現金管理のコスト減（造幣、金庫、輸送）	less cash management cost (making bills and coins, safe, transport)

犯罪が減る（強盗、泥棒、すり）	fewer crimes （robbers, thieves, pickpockets）
金融取引の透明化	financial transparency
違法取引の防止	prevention of illegal transactions

どんな積み木ができましたか。次は他の人の意見を分析する練習です。

1. 3つの理由は空欄になっています。できるだけ語数の少ない英語キーワードを考えて、括弧の中に入れてください。

A cashless society benefits us.

I will give three benefits — (　　　　　　), (　　　　　　), and (　　　　　　).

First, digital payments are easy. At stores, we can use credit cards or simply show our smartphones to buy things. There is no need to receive change. At train stations, we don't have to buy paper tickets. We go through the gate by simply touching it with a prepaid transportation card. The same card can also be used to buy newspapers at kiosks. Second, we can save time by not going to ATMs. Banks and ATMs are usually located away from home. It takes time to get even to the nearest one. On pay days, we often see a long line of people waiting for their turn to withdraw cash from an ATM. Third, crime is expected to decrease. In a cashless society, we don't have to carry cash or keep it in the safe at home. That means less incentive for pickpockets to steal wallets or thieves to break into houses. Convenience store robberies will also decrease. Thus, we benefit greatly from going cashless.

2. OREの構造を把握しましょう。読み取った内容を短い日本語または英語で積み木に書き入れてください。

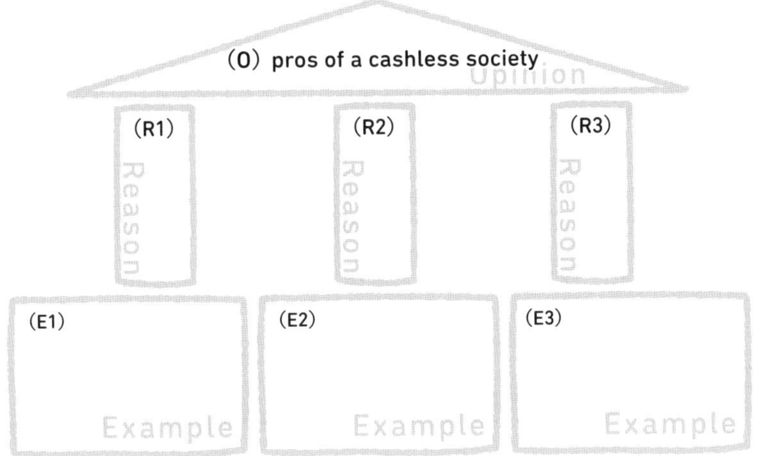

日本語訳

(O) キャッシュレス社会は恩恵があります。

(R: numbering) 理由は3つあります。支払いが楽、時間の節約、犯罪の減少です。

(R1) 第一に、デジタルマネーの支払いは楽。(E1) お店ではクレジットカードを使うかスマホを見せるだけで買い物ができます。おつりをもらう必要もありません。電車の駅では紙の切符を買う必要がなく、交通系ICカードでタッチするだけで改札を通れます。カードはキオスクで新聞を買うのにも使えます。(R2) 2つ目は、ATMに行く時間を節約できます。(E2) 銀行やATMは通常家から離れたところにあって、一番近いところに行くときでも時間がかかります。給料日には、現金を下ろすために順番待ちをする人がATMの前に長い列を作っています。(R3) 3つ目は犯罪が少なくなること。(E3) キャッシュレス社会では、現金を持ち歩く必要も、家で金庫に保管する必要もありません。つまりスリが財布を盗もうとし、泥棒が家に侵入しようとする動機がなくなります。コンビニ強盗も減るでしょう。(O: punchline) このように、現金を持たないことで私たちは多くの恩恵を享受できます。

理由のキーワード例

Reason 1	easy payments	楽な支払い
Reason 2	saving time	時間の節約
Reason 3	fewer crimes	犯罪の減少

Opinion

キャッシュレス社会の弊害　Cons of a cashless society

ブレーンストーミング

日本語でキャッシュレスはよくないという理由のキーワードを3つ以上考えてください。その中で最も強いと思う3つを選んで、簡単な事例も考えてください。

	理由のキーワード	事例
1.		
2.		
3.		
4.		
5.		

3本柱を立てる

キーワードと事例を英語にして積み木に書き入れてください。

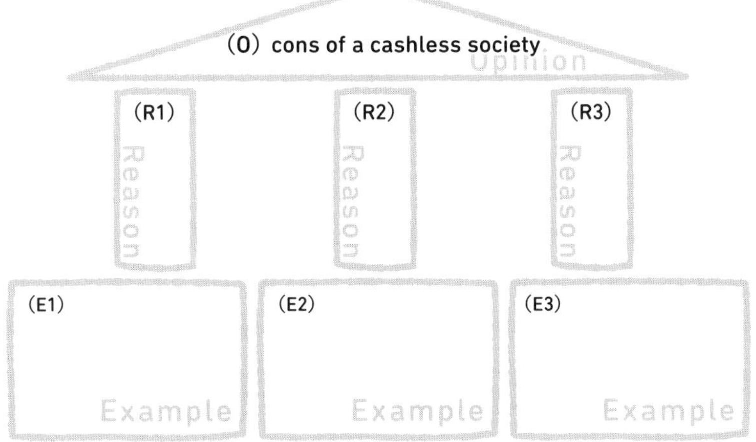

考えられる理由と事例

理由（事例）	Reasons (Examples)
浪費（支払いが簡単すぎる、実感がない）	overspending (too easy to pay, abstract)
支出の管理がしにくい（複数のカード）	difficult to keep track of spending (too many cards)
子供にお金の価値を教えられない	can't teach children the value of money
不平等、格差 （クレジットカードをもてない人）	inequality, financial divides (poor without credit cards)
信用スコアによる格付け（AIスコア）	social credibility, credit score (AI score)
技術への依存 （システムの故障、停電、スマホの充電切れ）	dependence on technology (system glitches, power failures, mobile phones out of battery)

ハッキング、サイバー攻撃	hacking, cyberattack
不正利用（ビットコイン、セブンペイ）	frauds （Bitcoin, Seven Pay）
プライバシーがない、個人の金融情報	no privacy, personal financial information

どんな積み木ができましたか。次は他の人の意見を分析する練習です。

1. 3つの理由は空欄になっています。できるだけ語数の少ない英語キーワードを考えて、括弧の中に入れてください。

A cashless society has its disadvantages.

I will give three problems— (　　　　　　), (　　　　　　), and (　　　　　　).

The first problem is spending too much money. By carrying cash, we know how much (or how little) money is in our wallets. People usually feel the pain of handing over a ¥10,000 bill at a store. But digital payment is painless, so some spend too much, resulting in personal bankruptcy. Second, teaching children the value of money is a challenge. When parents buy toys with e-money, children may think they are free. Children learn how money works, for example, when they buy ice cream with coins. For children, the value of invisible money is hard to understand. Lastly, a cashless society depends too much on technology. Computers handle cashless transactions. What if payment systems break down? What if a huge power outage occurs due to a natural disaster? Without cash, we won't be able to buy things essential for survival, such as food and water. We need to pay attention to negative aspects of a cashless society.

2. OREの構造を把握しましょう。読み取った内容を短い日本語または英語で積み木に書き入れてください。

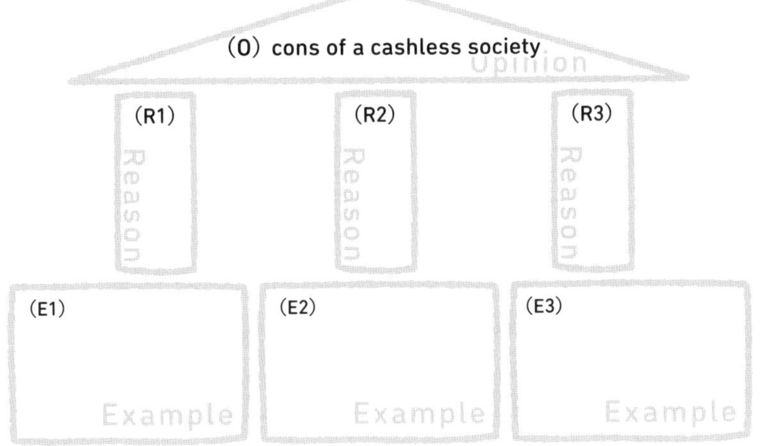

日本語訳

(O) キャッシュレス社会には弊害があります。

(R: numbering) 問題点は3つ。浪費、子供の貨幣教育、そして技術依存です。

(R1) 第一はお金の使いすぎです。(E1) 現金の場合、お財布にどれぐらいのお金がある（または、ない）かわかります。お店で一万円札を渡すときには痛みを感じます。でもキャッシュレスの支払いは痛みを伴わないので、浪費により自己破産に陥る人がいます。(R2) 第二に、いかにして子供にお金の価値を教えるかという課題。(E2) 親が電子マネーでおもちゃを買うと、子供はそれがタダだと思いかねません。たとえば硬貨でアイスクリームを買うことで、子供はお金の働きを学びます。子供にとって、目に見えないお金の価値を理解するのは難しいです。(R3) 最後に、キャッシュレス社会は技術への依存が大きすぎます。(E3) キャッシュレスの取引はコンピュータが処理します。このような支払いシステムが故障したらどうなるでしょう？　自然災害で大規模停電が起きたら？　現金がないと、食料や水などサバイバルに必要なものも買えません。(O: punchline) このように、私たちはキャッシュレス社会の負の側面に注意を払わなくてはなりません。

理由のキーワード例

Reason 1	overspending	浪費
Reason 2	teaching children about money	子供のマネー教育
Reason 3	depending on technology	技術依存

Column 1 シンプルな英語が一番

意見を述べるときは、簡潔な英語が一番です。高尚な語彙も必要なしと考えてください。本書の英語サンプル意見は、下記の6つの指針に基づいてできるだけわかりやすく書くよう心掛けました。

(1) 一文を短くする（15語程度）。
(2) 主語（Subject: S）と動詞（Verb: V）を近づける。
(3) 受動態を避けて能動態にする。
(4) be動詞でなくdo動詞を使う。
(5) SVOの形にする（Object: O 目的語）。
(6) 関係代名詞をできるだけ使わない。

この指針で英文を書き直してみましょう。

当社のブースを訪れた人の数はたったの20人だった。
The number of people who visited our booth was only 20.
（number = S, was = V）

上の文を簡潔にするためには(2) SVを近づける、(4) be動詞でなくdo動詞を使う、(5) SVOの形にする、(6) 関係代名詞をできるだけ使わない、の4つの観点が必要です。次のようになります。

Our booth had only 20 visitors.
（booth = S, had = V, visitors = O）

こんなふうにも書けます。

Only 20 visitors came to our booth.
（visitors = S, came = V）

シンプルな英語はまっすぐに伝わり明快です。英語のネイティブスピーカーでない私たちは、短めの英文で意見を構成してかまいません。話すときも単語一つ一つをゆっくり発音すると聞きやすくなります。詳しく知りたい方は拙書『究極の英語ライティング』（研究社）を参照してください。

5-3 自分の意見をまとめる

第 3 章で最後の練習です。ここでは他の人の意見を分析するステップは省きます。自分の意見をまとめることに集中してください。

お題

大相撲に体重別階級制を導入する。賛成・反対？

Introducing weight classes to professional sumo.

Agree or disagree?

大相撲は日本相撲協会が主催する 15 日間にわたる相撲興業を指します。英語では grand sumo tournament または professional sumo と言います。柔道、ボクシング、レスリングなど一対一で行われる格闘技は通常、いくつかの体重別階級に分かれています。しかし、大相撲の力士には番付はあっても体重別の階級（weight classes）はありません。大相撲に体重別階級制（weight class system）を導入することの pros and cons を考えてみましょう。

Opinion

大相撲に体重別階級制を導入することに賛成。
I agree to introduce weight classes to professional sumo.

ブレーンストーミング

日本語で理由のキーワードを 3 つ以上考えてください。その中で最も強いと思う 3 つを選んで、簡単な事例も考えてください。

理由のキーワード	事例
1.	
2.	
3.	
4.	
5.	

3本柱を立てる

キーワードを英語にして積み木に書き入れてください。事例も短いフレーズで書き入れましょう。

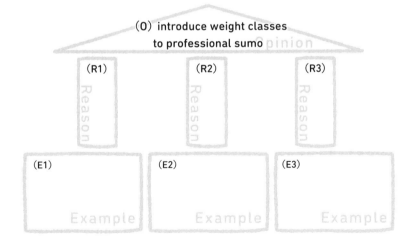

(O) introduce weight classes
to professional sumo Opinion

(R1) Reason
(R2) Reason
(R3) Reason

(E1) Example
(E2) Example
(E3) Example

あなたの意見

あなたの意見のアウトラインを英語のセンテンスにしてみましょう。

I agree to introduce weight classes to professional sumo.

I have three reasons — ______________________________.

My first reason is ______________________________.

My second reason is ______________________________.

My third reason is ______________________________.

意見の骨格であるアウトラインが完成すれば、あとは事例で肉付けするだけです。

考えられる理由と事例

理由（事例）	Reasons（Examples）
公平さ（同じ条件、軽量力士）	fairness（same conditions, lightweight wrestlers）
格闘技（柔道、ボクシング、レスリング）	martial arts, one-on-one fighting sport（judo, boxing, wrestling）
ケガの防止（体重差100キロ、重傷、早期引退）	injury prevention（100 kg weight difference, serious injury, retirement due to injury）
過食による太りすぎ	overweight due to overeating
力士を増やす（アマチュア相撲は体重別、小柄なアスリート）	increase sumo wrestlers（amateur tournaments divided by weight classes, small athletes）
相撲部屋（新人の減少、日本人力士の減少）	sumo stables（fewer recruits, fewer Japanese wrestlers）

サンプル意見

I agree to introduce weight classes to professional sumo because it will promote fairness, prevent injuries, and increase the number of sumo wrestlers.

First, fairness. Sumo is a one-on-one fighting sport like judo, boxing, and wrestling, but sumo wrestlers are not classified by weight. This means the heavier, the better. It's quite unfair for small, lightweight wrestlers to have to fight much larger ones. Second, injury. The weight difference between wrestlers can be as large as 100 kg—this is very dangerous. Reducing weight gaps will reduce serious injuries and keep wrestlers from retiring early. They can also focus on building muscles and balance, instead of simply gaining weight. Third, the sumo wrestler population. Amateur sumo tournaments are divided into weight classes in Japan and abroad, so that more athletes can participate in them. Professional wrestlers should also be divided by weight. Otherwise, sumo stables will be attracting fewer and fewer recruits. In summary, the weight class system will make sumo a fairer sport, protect wrestlers from injuries, and increase the sumo population.

日本語訳

大相撲に体重別階級制を導入することに賛成します。

なぜなら階級制は公平さを推進し、ケガを防止して、力士を増やせるからです。

第一に公平性。相撲は柔道、ボクシング、レスリングと同様の一対一の格闘技です。しかし力士には体重別の階級がありません。つまり体重が重いほど有利。小さくて軽量の力士には実に不公平です。2つ目はケガ。力士の体重差は大きいときには100キロにもなり、非常に危険です。体重差を減らせば大ケガが減り、力士が早く引退するのを防げるでしょう。また力士は単に体重を増やすだけではなく、筋肉やバランスを鍛えることに専念できます。3つ目は力士の数。アマチュアの相撲大会は国内外で体重別階級に分け、より多くの競技者が参加できるようにしています。大相撲も同様に体重別にするべきです。さもないと相撲部屋に入る新人はどんどん少なくなっていくでしょう。まとめると、体重別階級制は相撲をより公平なスポーツにし、力士をケガから守り、競技人口を増やします。

Opinion

大相撲に体重別階級制を導入することに反対。
I'm against introducing weight classes to professional sumo.

ブレーンストーミング

日本語で理由のキーワードを3つ以上考えてください。その中で最も強いと思う3つを選んで、簡単な事例も考えてください。

	理由のキーワード	事例
1.		
2.		
3.		
4.		
5.		

3本柱を立てる

キーワードを英語にして積み木に書き入れてください。事例も短いフレーズで書き入れましょう。

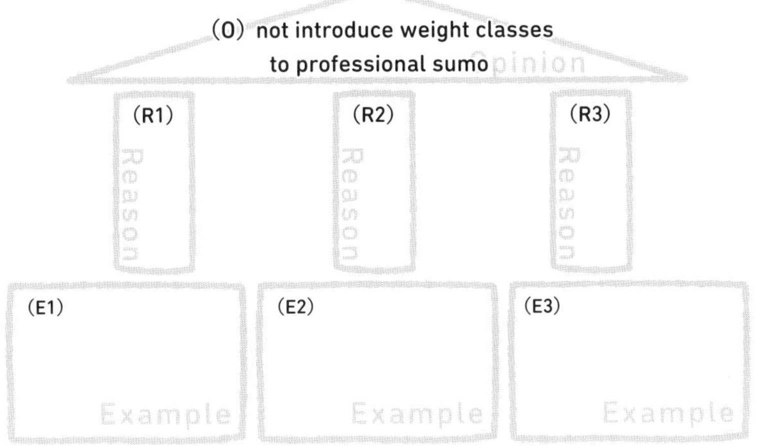

あなたの意見

あなたの意見のアウトラインを英語のセンテンスにしてみましょう。

I'm against introducing weight classes to professional sumo.
I have three reasons — ______________________________.
My first reason is ______________________________.
My second reason is ______________________________.
My third reason is ______________________________.

ライティングでもスピーチでも、論理的に意見を展開するためにはアウトラインをしっかり構築することがとても大切です。

考えられる理由と事例

理由（事例）	Reasons （Examples）
相撲は国技、日本文化	sumo as the national sport of Japan, Japanese culture
伝統を保持する必要性 （何世紀もの歴史）	need to keep tradition （history spanning many centuries）
儀式（塩で土俵を清める）	rituals （throwing salt to purify the ring）
土俵は一つだけ （階級別だと多く必要）	only one ring （more needed for different weight classes）
独特の愉しみ、興奮 （小よく大を制す、テクニック、柔軟性、バランス、スピード）	unique fun, excitement （“small beats big”, technique, flexibility, balance, speed）
横綱の地位 （最強の力士、格闘技で最強、チャンピオンが増えすぎる）	*yokozuna*'s status （strongest wrestler, strongest of all martial arts, too many champions）

サンプル意見

I'm against introducing weight classes to professional sumo because it will destroy the tradition of sumo, the fun of “Small beats big,” and the status of *yokozuna*.

First, tradition. Sumo is the national sport of Japan. Wrestlers perform traditional rituals, such as throwing salt before a match to purify the ring. We must keep the centuries-old form of sumo as is. Traditional elements make sumo a unique sport. Second, the fun of “Small beats big.” Sumo bouts are exciting when small, lean wrestlers defeat giant opponents—when technique and speed overwhelm size. Weight divisions will deprive fans of this excitement. Third, the status of *yokozuna*. A *yokozuna*, or grand champion, has proven himself to be the strongest of all the wrestlers. Some would say "of all kinds of martial arts" simply because there are no weight limits. If wrestlers are divided by weight, there will be too many champions, and *yokozuna* will be less "grand." In summary, the weight class system will destroy all the unique and attractive aspects of sumo.

日本語訳

大相撲に体重別階級制を導入することに反対です。

なぜなら相撲の伝統、「小よく大を制す」の愉しみ、横綱の地位、この３つを壊すからです。

第一に伝統。相撲は日本の国技です。力士は、取組前に塩をまき土俵を清めるなどの伝統儀式を行います。何世紀もの歴史がある相撲の様式はそのまま残すべきです。伝統が相撲をユニークなスポーツにしています。２番目は、「小よく大を制す」の愉しみ。相撲の取組が面白いのは、小柄でやせた力士が大きな敵を倒すとき、つまり、技術やスピードがサイズを上回るときです。階級制を導入すると相撲ファンはこの醍醐味を味わえません。３番目は、横綱の地位。横綱は最高位であり、すべての力士の中で最強であることの証明です。体重制限がないからこそ、すべての格闘技で最強だと言う人もいます。体重別を導入すると、最高位につく力士が増えすぎて、横綱の地位が揺らぎます。まとめると、階級制は相撲のユニークで魅力的な面をすべて台無しにします。

現実を考えると、大相撲に体重別階級が導入される可能性はほぼゼロでしょう。しかし純粋な論理のゲームとして階級制導入の是非を考えることは、スポーツ、文化、娯楽などさまざまな側面から相撲を見直すきっかけになります。

ここまで積み木メソッドで論理的に意見をまとめ、異なる視点から客観的に物事を考える練習をしてきました。次章では、ロジカル・シンキングをさらに鍛えるために反論のスキルを学びましょう。

Column 2 単語の定義：勘違いをなくす

ディスカッションのみならず日常会話でも、単語の意味のとらえ方はしばしば人によって異なります。たとえば「素直」という言葉。「太郎は素直な子だ」など性格について英語で述べたいとき、「従順＝ meek, obedient」「正直＝ honest」などの単語が辞書に載っています。ここで honest を使えば誉め言葉ですが、meek や obedient を選ぶと否定的なコメントになってしまいます。このようにさまざまな解釈ができるので、「素直」は英語にするのが難しい形容詞です。しかし、次のように素直さを示す例を１つでも挙げると、意味が明確になり単語の選択範囲が狭まります。

山田さんは素直だ。私のアドバイスをいつも聞いてくれる。
Mr. Yamada is open-minded. He always listens to my advice.

この例では「人の意見などに耳を傾ける＝ open-minded」が素直の意味です。

言葉の意味を共有することは、議論や交渉ではとても大事です。ある英語の即興ディベート大会で、次のような論題が発表されました。

We will stop space exploration.

このとき私は二人一組のチームで試合に臨んでいました。準備時間は 20 分。まずは１人ブレーンストーミング・タイムを設け、各自で必死になって論点をまとめていました。チームメートとの話し合いになったとき、「空き地の活用と都市計画の必要性は……」と相手が切り出したので、戸惑いました。「もしかして勘違いしてない？」「えっ、space って空間だよね。空き地の調査や開発を止める話じゃないの？」と怪訝な顔。「この space は宇宙のことでしょ」「あっ！ そうか」。空間も宇宙も英語では space なので、二人はまったく異なる議論をブレストしていたのです。結局、論題は「宇宙探検を止める」だったので、準備は事なきを得ました。

ディベートに限らず話し合いでは、前もって主要な言葉や概念をきちんと定義しておくことが大切です。意味がよくわからない言葉に出会ったら、次の質問をしましょう。

〇〇はどんな意味で使っていますか？
What do you mean by ____________________?

Column 3 ことわざや格言の引用

英語で意見を述べるとき、皆がよく知っていることわざや耳慣れたフレーズをうまく引用するとすんなり伝わることがあります。たとえば、108ページの意見では「小よく大を制す」の言い回しを使いました。英語ではたった3語のSmall beats big。格言やメッセージ性の高い偉人の言葉なども、ポイントをうまく伝える道具として使えます。論点に合う気の利いた引用は、教養やウィットも感じさせ、意見に真実味を加えるのです。いくつか紹介しましょう。

ことわざ、格言

All is well that ends well.	「終わりよければすべて良し」 （75ページ参照）
The nail that sticks out gets hammered down.	「出る杭は打たれる」 （90ページ参照）
（It's） easier said than done.	「言うは易し、行うは難し」
The pen is mightier than the sword.	「ペンは剣より強し」
Blood is thicker than water.	「血は水よりも濃い」
Seeing is believing.	「論より証拠」
Like attracts like.	「類は友を呼ぶ」

偉人の言葉

All men are created equal.	「人はみな平等に造られている」 （Thomas Jefferson, 米国独立宣言）
Time is money.	「時は金なり」 （Benjamin Franklin）
With freedom comes responsibility.	「自由には責任が伴う」 （Eleanor Roosevelt）

Hate the sin, love the sinner.	「罪を憎んで人を憎まず」（Mahatma Gandhi）
A right delayed is a right denied.	「遅れた権利は、権利の否定に等しい」（Martin Luther King, Jr.）
Government of the people, by the people, for the people	「人民の、人民による、人民のための政治」（Abraham Lincoln）
The minority is sometimes right; the majority always wrong.	「マイノリティーは時に正しい。マジョリティーは常に間違う」（George Bernard Shaw）

語呂の良いフレーズ

Think globally, act locally.	「グローバルに考え、ローカルに行動せよ」
Planet before profit	「利益より地球を優先」
Life, liberty, and property	「生命、自由、および財産」（銃など個人の所有権を主張するのによく使われるフレーズ）
From cradle to grave	「ゆりかごから墓場まで」（英国社会福祉政策のスローガン）

第4章

反論する

Aさんと Bさんが、夏に食べる果物は、スイカとオレンジのどちらがよいか議論しています。

A：夏に食べるなら、なんといっても水分がたっぷりのスイカ。
夏は汗をかくので水分補給に最適でしょ。

B：だめだめ、オレンジが一番。
だってオレンジはおいしいもん！

Bさんの反論は説得力がありません。どんなふうに反論すればよいでしょう？

1 反論の目的

「反論」という言葉を聞いてどんなイメージを持ちますか。

相手を否定する
不服を申し立てたり抗議したりする
自分の主張をごり押しする

どれも違います。反論は物事をより深く考えるために欠かせず、話し合いにおいて反論の最終的な目的は問題解決であり、対決ではありません。日常生活で何かを選ぶときでも、pros and cons を考えて一番良さそうなものに決めることがよくあるでしょう。たとえば、仕事で海外からの大事なお客さんを接待するときのレストラン選び。寿司屋とフランス料理店が候補にあがったなら、それぞれの利点・欠点をつぶさに検討するはずです。「寿司屋なら日本食を味わってもらえるけれど、生ものが苦手かもしれない」、「フランス料理店なら高級感はあるけれど、日本らしくない」ということが考えられます。2つを比較する過程でよりよい第三の候補、たとえば日本的な串揚げの店が見つかるかもしれません。反論は他人に対してだけではなく、自分自身に対してもできるわけです。

いずれにせよ、さまざまな面から pros and cons を考えるためにも、物事の理解を深めるためにも、反対意見は欠かせません。ただ日本では対立を避け、和を優先することが多いので、反論を控える場面がでてきます。仲間うちではでしゃばらずに黙っているほうが無難なこともあります。たとえば学校では先生の話をおとなしく聞いていると「よい子」と認められ、大人の話し合いでは発言しなくてもとやかく言われません。また同調圧力があると反論しにくくなります。

私が経験した中学校の PTA では、会議の出席者がなかなか発言しないので議長が座順に指名するのが常でした。そして最初に指名された人の意見を受けて、皆が次から次へと「私も○○さんと同じ意見です」と言っていました。そんな雰囲気だと、異論を口にするのはとても勇気がいります。日ごろ機会が少ないと、なんとなく反論に対して苦手意識を持ってしまうものです。しかし、建設的な反論は議論を深めます。そのために、次の3点を意識しましょう。

① 異論を尊重する
② 人ではなく意見に対して反論する
③ 柔らかい態度をとる

異論を認めることは相手へのリスペクトにつながります。また反論は常に人ではなく意見に対して行うものだと意識すれば、自分が反論を受けたときも、人格攻撃だと憤慨することなく理性的に対処できます。さらに、柔らかい態度と、できればユーモアも加えると、反論はより効果的になります。

2 反論と呼べる意見

はじめに、どのような反論が論理的であるかを考えてみましょう。次のお題で考えます。

夏に食べるのはスイカとオレンジのどちらがいいか？

相手はスイカを選んだとします。その理由や事例を見極めてから、オレンジ擁護の立場で反論を考えてみましょう。

相手：　夏に食べるならスイカですよ。なぜなら水分がたっぷりだから。夏は汗をかくので水分補給が必要でしょう。

あなた：賛成できません。オレンジのほうがいいですよ。
なぜならオレンジは（反対の理由）

＿＿＿＿＿＿＿＿＿＿＿＿＿＿＿＿＿＿＿＿

この場合、A～Eのうちどれが最も適切な理由と言えますか。

なぜならオレンジは

A. 色がきれいだから
B. 小さくて軽いから
C. 輸入品が多いから
D. ビタミンCが多いから
E. 甘酸っぱいから

答え ＿＿＿＿＿＿＿＿＿＿

「スイカは水分がたっぷりだからよい」という意見に対して、A.「(オレンジは) 色がきれい」と言っても議論はかみ合いません。緑の皮に赤い果肉のスイカも色がきれいです。B.「小さくて軽い」は、買い物に行って荷物の重さを比較するならば適切ですが、水分たっぷりの反論としては駄目です。C.「輸入品が多い」はどちらかといえばオレンジのマイナスポイントでしょう（国産のほうが農薬の心配がない）。E.「甘酸っぱい」も味の比較をしているわけではないので、ピントが外れています。ここで最適な理由は、成分について触れているD.「ビタミンCが多い」です。

論理的な反論

相手：　夏に食べるならスイカです。水分がたっぷりだから。夏は汗をかくので水分補給が必要でしょう。

あなた：賛成できません。オレンジのほうがいいですよ。オレンジはビタミンCをたっぷり含むから。

ここで「水分」に対して「ビタミンC」を理由に挙げると、食品成分が対立点になります。続けてビタミンCの利点を、例を挙げて説明すると説得力が高まります。

ビタミンCは夏ばて解消に効果的です。スイカよりオレンジのほうがビタミンCを豊富に含んでいます。水分を摂りたいなら、麦茶を飲めばいいでしょう。重たいスイカを運んで汗をかくと、反対に水分を失いますよ。夏の疲れ対策には、オレンジでビタミンCを補給しましょう。

このように論点をかみ合わせると、不毛な水掛け論を防ぐことができます。

3 反論の積み木

反論にも型があり、型を習得することでロジカルな反対意見を言えるようになります。基本的には今まで同様に、OREの積み木で反論する理由と事例を示します。ただし反論は、まず「相手の話を聞いて要約する」ことから始めます。

相手の話を聞いて要約する
listen and summarize

相手の話を漫然と聞いていてはきちんと反論できません。相手の意見をしっかり聞き取って要約すると、反論のポイントが明確になります。

先ほどのスイカとオレンジの議論を英語にして考えてみましょう。

Which is better to eat in summer—watermelon or orange?

Speaker 1

Watermelons are better because they are full of water. We sweat a lot in summer, so eating moisture-rich foods like watermelon is good for our bodies.

ここからが反論です。

Speaker 2

You said eating watermelon is better because of its rich water content.

I disagree. Oranges are better

because they contain vitamin C.

Vitamin C is good, **for example**, for summer fatigue. An orange contains more vitamin C than a watermelon. As for water, you can drink cold barley tea. If you buy a heavy watermelon and carry it home in summer, you'll sweat a lot and lose water.

So, oranges are better than watermelons for staying healthy in summer.

Speaker 2 は "You said" に続けて相手の意見を要約しています。I disagree と言ったあとは、今まで練習してきた OREO の型で意見・理由・事例を述べ、再度意見で締めています。

反論の型

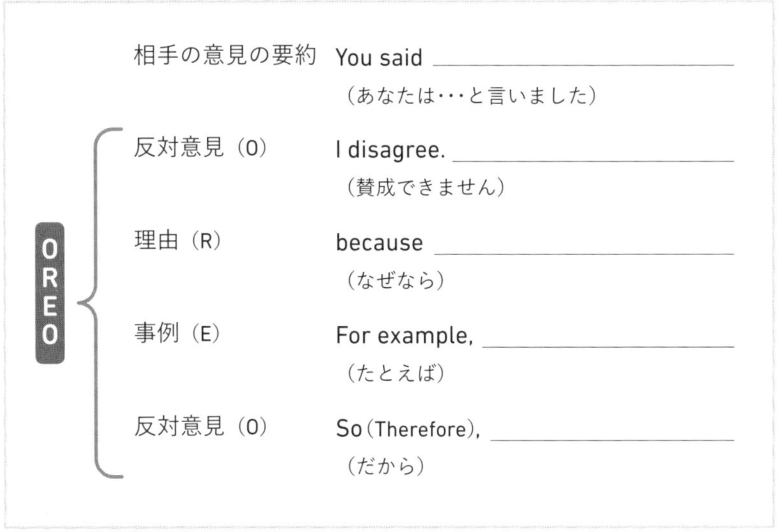

相手の意見の要約
You said ______
(あなたは…と言いました)
OREO
反対意見 (O)
I disagree. ______
(賛成できません)
理由 (R)
because ______
(なぜなら)
事例 (E)
For example, ______
(たとえば)
反対意見 (O)
So (Therefore), ______
(だから)

もちろん個々の型を作る言葉選びはみなさんしだい。その場その場で

柔軟に変えてかまいません。

スイカとオレンジの例ではスイカ支持の意見が短かったので、要約といってもほとんど同じ言葉の繰り返しでした。実際にはもっと長い意見もあるので、話を聞くときは集中して相手の ORE の積み木を分析しなくてはなりません。

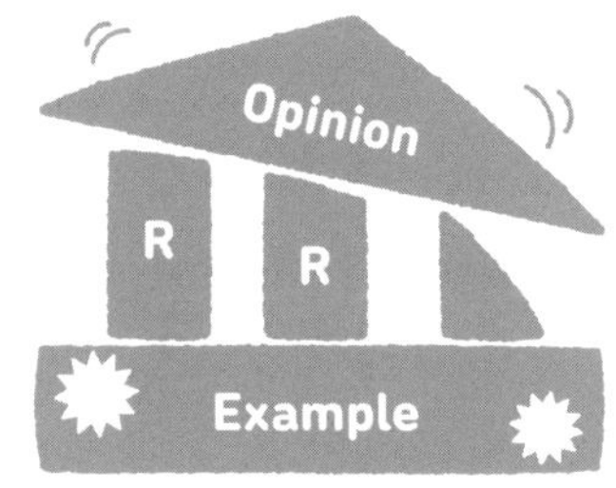

理由の柱は意見を支えているか、事例は適切かを考えると、相手の積み木の弱点も見つけられます。

意見だけで理由も事例もあいまいな相手には、「根拠が希薄だ」と指摘できます。

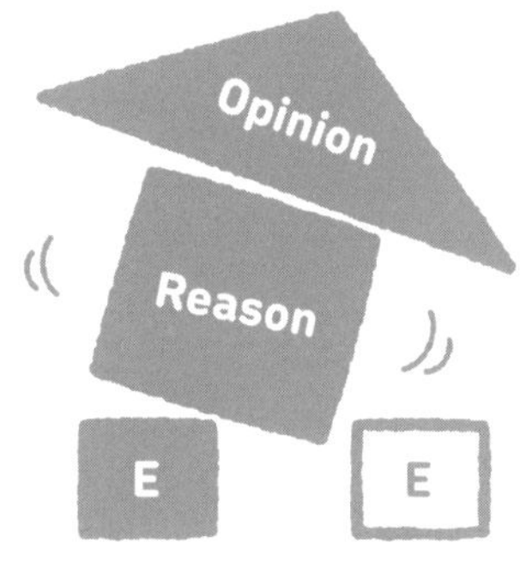

立派な理由はあるけれど、事例がないときは「エビデンスが少ない」と、また事例らしきものはあっても、テーマとの関連が薄ければ「それは、テーマとは関係ない」と主張できます。

相手の意見を要約するときに適切なキーワードを挙げると、論点が明確になり議論がきちんとかみ合います。相手がわかりやすい理由のキーワードを示していないときは、的確なキーワードを見つけて要約しましょう。それだけで相手にも周りの人にも「できる人だ」と思ってもらえます。

4 反論に欠かせないブレーンストーミング

反論を見据えたブレーンストーミングの練習から始めましょう。説得力の高い意見をまとめるためには、異論を持つ相手の視点に立つことが必要です。つまり、「これを言ったら、相手はどう反論してくるか」を考えるのです。それにはブレーンストーミングがことさら大事になります。簡単なお題で練習をしてみましょう。

お題

勉強には、鉛筆とボールペンのどちらがよい？

Which is better for studying, pencils or ballpoint pens?

鉛筆とボールペンの利点と欠点を考えてください。ランダムにアイデアを出し、その中で関連するもの同士を線で結んだりキーワードによさそうな単語を丸で囲ったりしながら、それぞれのアイデアに対してどんな反論がくるだろうかも考えてみましょう。予想した反論にどのように答えるかまで考えられれば申し分ありません。

鉛筆

ボールペン

反論を予想したブレーンストーミングの例1

右上の図は、鉛筆を支持するアイデアと予想した反論を書き留めた例です。キーワードの1つに、鉛筆は木でできているから「環境によい」を挙げています。これに対して、「←木を切って鉛筆を作るのだから、環境破壊だ」という反論を予想しています。この反論に逆襲するためのキーワードが「⇦ 植林管理」です。鉛筆の材料には植林管理された木を使っているから、森林を破壊することはないという論です。「文字が消せる」については、「←消しゴムが必要」や「←消せるボールペンもある」など複数の反論を予想しています。こんなとき「文字が消せる」は弱い理由だから採用しない、と判断するかもしれません。

その次の図はボールペンの利点と予想される反論をブレーンストーミングした図です。ここでは利点として挙げた、「文字が消えない」に注目してください。相手からは「←間違いが消せない」と、「←斜線でノートが汚くなる」という反論が来ることを予想しています。それに対して「⇦ 間違いが残ると勉強になる」(何を間違えたか確認できる)と、「⇦ 消

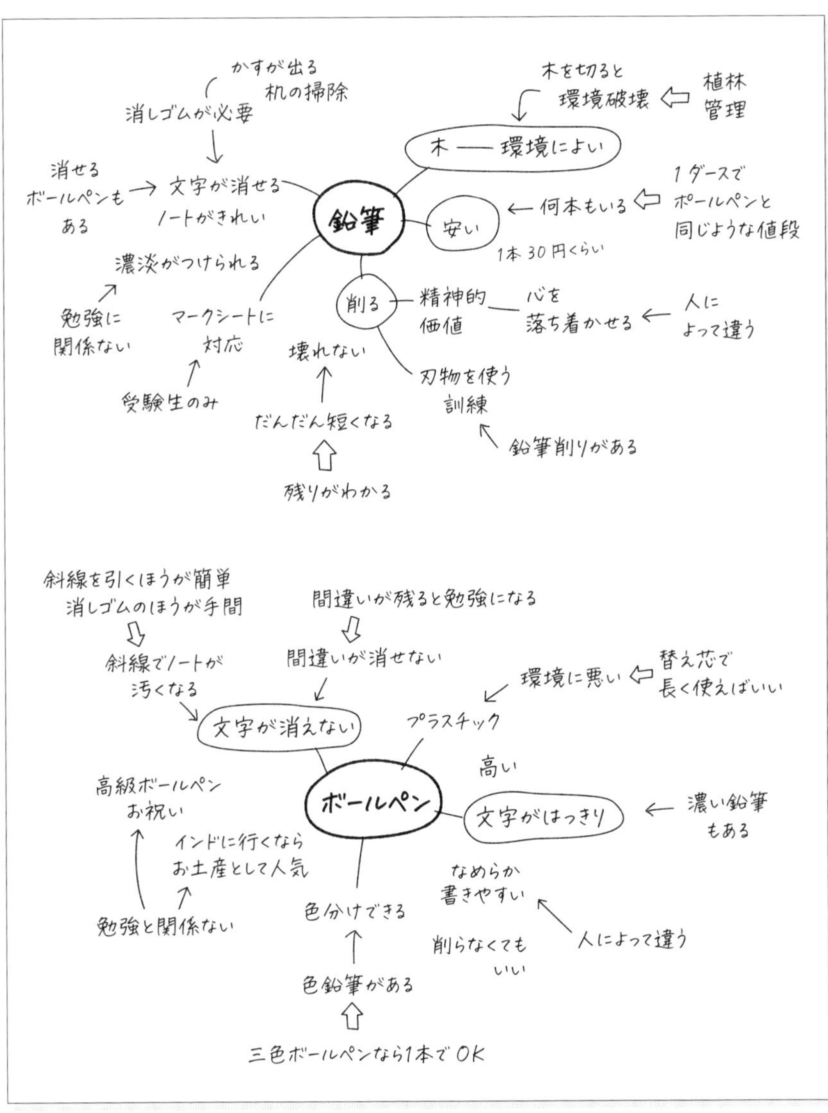

しゴムのほうが手間」「⇦ 斜線を引くほうが簡単」と再反論しようと考えています。この論点に関しては、準備万端。さらに「色分けできる」という利点に対しては、鉛筆派から「←色鉛筆がある」という反論が予想されます。それに対して、色鉛筆だと色の数だけ本数が必要だけれど、

「⇦ 三色ボールペンなら1本でOK」という反駁を用意しています。

できるだけたくさんのアイデアを出してみよう

次は、92ページで取り上げたサンプル意見「キャッシュレス社会は恩恵がある」に対する反論を考えてみます。最近は世の中がキャッシュレス推進の方向に進んでいますが、ここではその流れに反してキャッシュレスのデメリットや現金のメリットをじっくり考えてみましょう。できるだけたくさんのアイデアを出すことが目的ですから、日本語のみで行います。

サンプル意見

キャッシュレス社会は恩恵があります。

理由は3つあります。支払いが楽、時間の節約、犯罪の減少です。

第一に、デジタルマネーの支払いは楽。お店ではクレジットカードを使うかスマホを見せるだけで買い物ができます。おつりをもらう必要もありません。電車の駅では紙の切符を買う必要がなく、交通系ICカードでタッチするだけで改札を通れます。カードはキオスクで新聞を買うのにも使えます。2つ目は、ATMに行く時間を節約できます。銀行やATMは通常家から離れたところにあって、一番近いATMに行くときでも時間がかかります。給料日には、現金を下ろすために順番待ちをする人がATMの前に長い列を作っています。3つ目は犯罪が少なくなること。キャッシュレス社会では、現金を持ち歩く必要も、家で金庫に保管する必要もありません。つまりスリが財布を盗もうとし、泥棒が家に侵入しようとする動機がなくなります。コンビニ強盗も減るでしょう。このように、現金を持たないことで多くの恩恵を享受できます。

サンプル意見の ORE を把握して、理由や事例に対して反論をブレーンストーミングしてください。日本語の箇条書きで OK です。

(R1) 支払いが楽

・
・
・
・
・
・
・

(R2) 時間の節約

・
・
・
・
・
・
・

(R3) 犯罪の減少

・
・
・
・
・
・
・

反論をブレーンストーミングした例 2

「キャッシュレス社会は恩恵がある」という主張に対する反論を、箇条書きで書き出してみました。

(R1)「支払いが楽」に反論

＊キャッシュレスは楽

→楽は浪費につながる。

お財布にお札や硬貨が入っていると、いくら使ったかすぐにわかる。

お札や貨幣でお金を実感できる。

＊クレジットカードでの支払いは楽

→暗証番号を忘れると使えない。社会の高齢化で暗証番号を忘れる人が増える。

支出の管理がしにくい（複数のカードや明細書の整理）。

カードはプラスチック製で環境によくない。紙幣のほうが環境に優しい。

サインや暗証番号入力で手間や時間がかかる。現金で支払ったほうが早いことがある。

＊スマホでの支払いは楽

→充電切れだと使えない。

＊交通系ICカードは楽

→券売機でチャージするのが面倒。

オートチャージを利用するにも、クレジットカードとの紐付けが面倒。

＊おつりがいらない

→硬貨はお金以外の目的でも使えて便利。

例：ねじ回し、スクラッチカードをこする、コイントス

(R2)「時間の節約」に反論

＊ATMに行かなくてよい

→日本ではATMが普及しているのですぐ現金を引き出せる。最近は駅やコンビニにも設置されている。

ATMまで歩いていくのは運動になって健康によい。

ATMがなくなると、作っているメーカーは困るし、その従業員も困る。

＊銀行に行かなくてよい

→銀行員に手伝ってもらうと効率がよいこともある。

振り込め詐欺の被害者が来たとき、不審に思った銀行員が犯罪を未然に防ぐことがある。

(R3)「犯罪の減少」に反論

＊スリや泥棒が減る

→クレジットカードやスマホも盗まれる対象（現金と同じ）。

クレジットカードはスキミングされる。

クレジットカードを使った詐欺も横行。

＊その他の犯罪

→サイバー強盗・犯罪は増える。

スリなど一件の被害額は比較的少ない。社会的なサイバー犯罪の被害額は莫大。

バングラデシュ中央銀行の不正送金（2016年）被害額は史上最大の8100万ドル。

電子マネーはハッキングされやすい（コンビニではセブンペイの不正利用があった）。

ビットコインの不正流出。

電子マネーでマネーロンダリングが容易になる。

その他の反論

＊現金がないと神社でお賽銭をあげられない。子供にお年玉をあげられない。
＊不平等・格差。貧しい人・信用のない人は電子マネーを利用するための口座を作れない。
＊個人の決済情報が収集される。プライバシーがなくなる。
＊コンピュータのセキュリティ対策にお金がかかる。
＊カードやスマホ決済にも読み取り機などのインフラが必要。
＊中小店舗にとってカード決済の手数料は大きな負担。
＊お札はデザイン・印刷が美しい。
＊ホログラムなど日本が持つ高度な偽造防止技術を示せる。
＊貨幣は国家のアイデンティティーである。
＊国を代表する人物（一万円札の福沢諭吉など）や建築物（十円玉の平等院）を身近に感じる。
＊円は通貨の中でも国際的に信用度が高いハードカレンシー（国際決済通貨）である。

集中して考えるとさまざまな反論のアイデアが出てきます。中には「硬貨はねじ回しにもなる」「お賽銭をあげられない」（ただし、最近ではデジタルお賽銭箱を備えた神社もあるそうです）といった軽いものも混じっています。枝葉末節に思えますが、ブレーンストーミングでは一見ばかげた発想も大切にしましょう。頭を柔軟にするだけでなく、討論の場では、場を和ませるネタにもなります。

Column 4 異なる視点でものを見る

物事の多面性を考えながら意見をまとめる。これは今とても大切なことだと思います。

ソーシャル・メディア全盛の時代になり、私たちの回りには情報があふれています。しかし一方で世界を見渡すと、社会の分断や二極化が進んでいます。一因は、情報ネットワークを使う中で各人が受け取る情報が偏ってくることです。スマートフォンの普及で、いつでもどこでもインターネットを検索したり、SNS に常時アクセスしたりできるようになりました。調べたいことがあれば Google で検索できるし、ニュースはスマホでリアルタイムに読める。便利ではありますが、これでは小さな画面で断片的な情報にしか触れられず、自分の関心のある事柄にしか目が向けられなくなってしまいます。

多くのウェブサイトはアクセスに基づいて個人の嗜好を把握し、個々のユーザーが「見たいだろう」と推定する情報を提供するように設計されています。みなさんは、パソコン画面に現れる広告が、検索したものと結びついていて、びっくりしたことはありませんか。私の友人は、スーパーでブルゴーニュ産ワインを買ってクレジットカードで支払い、帰宅してパソコンを開いたらブルゴーニュ産ワインの広告が表示されたそうです。

個人の関心や趣味に関する情報がネットワーク上のどこかに蓄積され、デバイス上で見る情報がそれに基づいてフィルターされている。このようなパーソナライズ化は便利なようで不気味です。フィルターにかけられている情報に日々触れ続け、同じ趣味や意見を持つ者同士で集まり「いいね！」を言い合っていると、いつのまにか情報の小部屋に閉じ込められてしまい、異論と出会う機会が減ってしまう。こんな状況が進んでいるような気がしてなりません。

このような状況の中、常に異なる視点から物事を考える練習は、身の回りの出来事に対してオープンな姿勢を保つのに役立ちます。多様性（diversity）の重要さが叫ばれる時代に、年齢も性別も異なるさまざまな人々とコミュニケーションする上で大切なのは、「違う視点もあるのでは」という問いかけです。

5 英語で反論

次は英語の意見に対して英語で反論する練習をしましょう。はじめに、「相手の意見を要約する」「反対を表明する」「反対の理由を述べる」ための基本的な英語表現を紹介します。「反論」は英語で refutation, rebuttal, counterargument などと言います。「反論する」と言いたいときは、動詞の argue against, refute, rebut などを覚えておけば十分です。

5-1 反論の表現パターン

相手の意見を要約する

You said/mentioned that ...	あなたは……と言いました。
They talked about ...	彼ら（相手）は……について話しました。
Your first point was ...	第一のポイントは……でした。
Your second reason was ...	二つ目の理由は……でした。

反対を表明する

I would like to argue against...	～に反対の意見を述べます。
I would like to refute the first reason.	第一の理由について反論します。
Let me rebut the other party's points one by one.	相手側のポイントについて一つ一つ反論します。

反対の理由を述べる

＊正しくない —— **not true**

That's not always true.	それ（相手のポイント）は常に正しいとは限りません。
That point is not necessarily true.	そのポイントは必ずしも正しいとは限りません。

＊重要ではない —— **not important/significant**

Your point is not important.	あなたが挙げたポイントは重要ではありません。

＊関連がない —— **not relevant, no connection**

Your example is not relevant to the argument.	あなたの例はこの議論とは無関係です。
There is no connection between A and B.	AとBは関連がありません。
It has nothing to do with this topic.	このトピックとは関係ありません。

＊正当性がない —— **not justifiable**

A is not justifiable in this case.	このケースでAには正当性がありません。

＊実現可能性がない —— **not feasible**

Your plan is not feasible.	あなたのプランは実現可能性が低い。

＊解決できる—— **solvable, fix**

The problem you mentioned is solvable.	あなたが言った問題は解決できます。

That's easy to fix.	それは簡単に解決できます。

＊他の手がある —— alternative

There is an alternative way to solve this problem.	この問題は他の方法で解決できます。
There is always a plan B.	いつだって他の手段はありえます。（plan Bはalternative（代替手段）の意味）

5-2 英語の反論サンプルを読む

反論の練習を始めます。まずはサンプルを読んで反論の流れをつかみましょう。

お題

Pokémon GOは日本の社会にとってよい・よくない？

Is Pokémon GO good or bad for Japanese society?

Pokémon GO は GPS（Global Positioning System）の位置情報を利用するスマートフォン向けのゲームアプリです。プレーヤーはスマホを手に屋外を歩きまわり、建物や街角に潜むポケット・モンスター（「ポケモン」）を捕獲して遊びます。2016 年の発売以来、世界的ブームとなり日本にも多くのゲームプレーヤーがいます。最近、同じような GPS の位置情報を利用して遊ぶゲームがどんどん開発されていて、屋外でゲームを楽しむ人は増え続けると思われます。このようなゲーム人気の pros and cons を考えてみましょう。

Opinion

Pokémon GOは日本の社会にとってよい。
Pokémon GO is good for Japanese society.

ゲームを擁護する立場に立つとき、自分ならどんな意見にするか、ブレーンストーミングを行って理由のキーワードを考えてください。自分の意見を持って他人の意見を読むと、反論を思いつきやすくなります。

キーワード

____________________ ____________________

Pokémon GOに肯定的なサンプル意見を示します。構造を把握しながら読んでください。

Pokémon GO is good for Japanese society
because it boosts Japan's economy.
Many companies tie up with Pokémon GO. For example, McDonald's increased its sales through such a tie-up. Players went to McDonald's to play the game and ate hamburgers. In 2017, a Pokémon Go event was held in the Tottori Sand Dunes. It drew nearly 90,000 people and boosted the economy by 1.8 billion yen in three days. Pokémon is an example of "Cool Japan," and the term "Pokémonomics" (Pokémon + economics) describes its enormous economic effects. Japan is suffering from a sluggish economy, so the game is making a great contribution.

先に述べたように、反対意見を述べる第一歩は、相手の話を聞いて要約すること。相手の論理構造を把握しなければ、反論もできません。始めに英語サンプル意見を分析しましょう。難しかったら、次ページの日本語訳を参考にしてかまいません。理由のキーワードと事例を短い日本語または英語で積み木に書き入れてください。

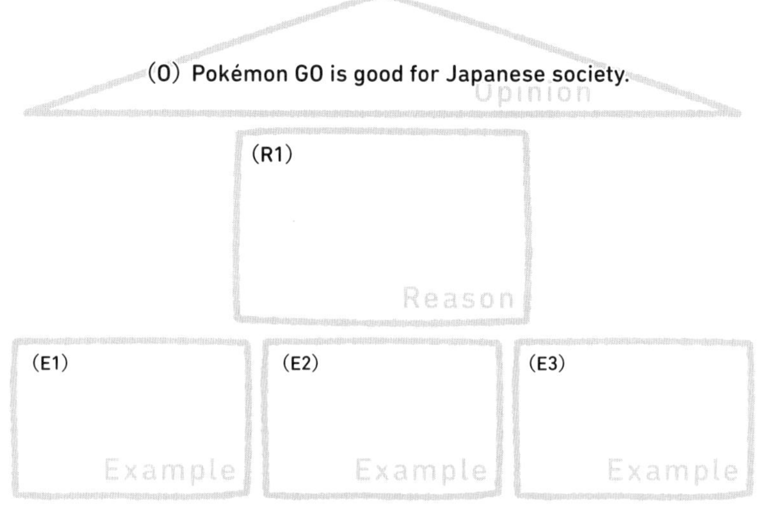

柱が一本の積み木です。理由と事例の英語フレーズを下記に示します。それぞれに対する反論を考えてください。まず日本語で反対のポイントを考え、それから英語にしてみましょう。

R1: boost Japan's economy

____

E1: business tie-up (McDonald's)

____

E2: event（Tottori Sand Dunes）

____

E3: Pokémonomics

____

日本語訳

Pokémon GO は日本経済を押し上げるので、日本の社会にとってよいものです。

多くの企業が Pokémon GO と提携しています。たとえば、マクドナルドはこのゲームとタイアップして売り上げを伸ばしました。プレーヤーがマクドナルドのお店に行ってゲームをし、ハンバーガーを食べたのです。2017 年には、鳥取砂丘で Pokémon GO のイベントが開かれました。このイベントには 9 万人が訪れて 3 日間で 18 億円の経済効果をもたらしました。Pokémon は「クール・ジャパン」の一例であり、「ポケモノミクス（ポケモン＋エコノミクス）」はその大きな経済効果を表す言葉です。日本は経済の停滞に苦しんでいます。だからこのゲームの貢献は大きいのです。

みなさんはどのような反論が思いつきましたか。次の反論サンプルでは、大まかな反対理由を述べてから一つ一つの事例に対して異議をとなえます。

ポケモンGO駄目派による反論サンプル

You talked about the game's economic effect.（相手の意見の要約）

Pokémon GOの「経済効果」を理由に挙げています。

That point is **not necessarily true** （反対の表明）

because the effect is short-lived and small in proportion. （理由）

このポイントは必ずしも正しいとは限りません。
ゲームの経済効果は長続きしないし、全体から見ればその割合は小さいからです。

▶ 全面否定ではないnot necessarily trueの使い方を見てください。

Now I'd like to explain why none of the examples are appropriate.

各事例について、なぜ不適切であるかを説明します。

E1: business tie-up（MacDonald's）

→ Only one example

1例のみ

→ First, McDonald's sales increased but you gave only one example. Other fast-food stores also do various campaigns to successfully increase their sales.

第一に、マクドナルドの売り上げは伸びましたが、あなたが挙げた例はたった一社です。マクドナルド以外のファストフード店もいろいろなキャンペーンをやって売り上げをアップさせています。

▶ 1つの例をとりあげて過度に一般化するのは適切ではなく、反論の材料になります。

E2: event (Tottori Sand Dunes)

→ Only three-day event

たった3日のイベント

→ Second, the event in the Tottori Sand Dunes attracted nearly 90,000 people, but lasted only three days. We must think about a long-term effect as well.

Also, let me compare the dunes with cities. The Tottori Sand Dunes have a vast open space, so players walking around with smartphones caused no problems. In cities, however, players litter, make noise, and annoy residents. For this reason, Izumo Shrine, also in Tottori, prohibits visitors from playing Pokémon GO on its premises.

第二に、鳥取砂丘のこのイベントは9万人近くを集めましたが、期間は3日間だけでした。長期にわたる影響も考えなくてはなりません。

さらに、砂丘と街を比べてみましょう。鳥取砂丘は広くてなんにもないから、大勢の人がゲームで歩きまわっても問題ありません。でも街中では、プレーヤーがごみを捨てたり騒音を出したりして住民の迷惑になるでしょう。このため、同じ鳥取県でも出雲大社では境内でのPokémon GOの使用は禁止されています。

▶ 長期的視点でみると、3日間のイベントの例は適切でないと指摘しています。

▶ 同じ県内での使用禁止例を挙げているのは、効果的です。

E3: Pokémonomics

→ short-lived

短命

→ And lastly, such games go in and out of fashion all the time.

The term “Pokémonomics” was short-lived. We need a long-term view, not a short-term one, to think about the economy.

最後に、ゲームにはいつも流行り廃りがあります。「ポケモノミクス」という言葉も短命でした。経済を語るには短期的ではなく長期的な視点が必要です。

▶ long-time view と short-term one の対応が効果的です。

（意見の補強とまとめ）

Your argument is not based upon ample evidence. You gave examples of only one fast-food outlet and one event. Making no comparison makes us **miss the big picture**. Looking at the Pokémon GO game from **a larger point of view,** we see that its economic effect is **short-lived and relatively small**.

あなたの議論には十分なエビデンスが欠けています。たった1社のファストフード店と1つのイベントの例しか挙げませんでした。他と比較しないと、全体像を見失います。より広い観点から見ると、Pokémon GOの経済効果は短命で相対的に小さいと言えます。

▶ この反論では、miss the big picture, a larger point of view, short-lived and relatively small等の表現を駆使して、ミクロとマクロの視点、短期と長期の展望など相対化により、相手の議論を弱めています。物事を多面的に検討するときはこのような比較が大切です（146ページの「6 対比の視点」を参照）。

続いて、逆の立場の意見も考えてみましょう。

Opinion

Pokémon GO は日本の社会にとってよくない。
Pokémon GO is bad for Japanese society.

ゲームの負の側面を指摘する立場ならどんな意見にするか、ブレーンストーミングを行って理由のキーワードを2つ考えてください。

キーワード

1. ________________ 2. ________________

Pokémon GO に否定的なサンプル意見を示します。ORE の構造を把握しながら読んでください。

Pokémon GO is bad for Japanese society because it often causes injuries and addiction.

First, injuries. The game is played outdoors. Players use smartphones while walking. This is dangerous for both players and people around them. For example, Pokémon GO players can fall off the platforms of train stations or bump into pedestrians, causing injuries. Second, game addiction. Many young people are addicted to playing video games, and WHO recently defined the addiction as a mental illness. Pokémon GO players may get absorbed in the game outdoors, resulting in a longer time spent on games. In the long run, Pokémon GO does more harm than good, especially to young people.

サンプル意見を分析し、理由のキーワードと事例を短い日本語または英語で積み木に書き入れてください。

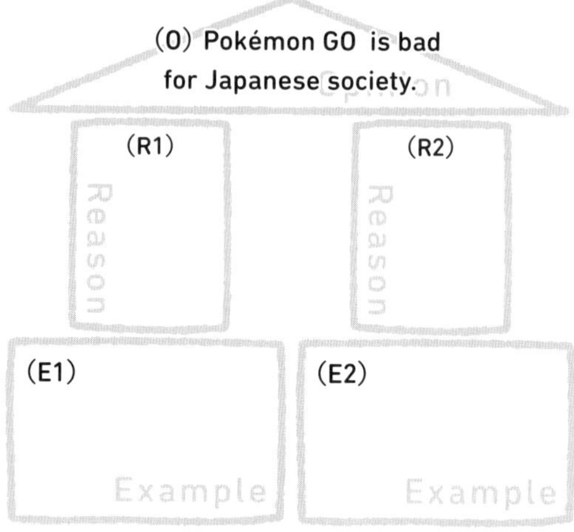

柱が２本の積み木です。理由と事例の英語のフレーズを下記に示します。それぞれに対する反論を考えてください。まず日本語で反対のポイントを考え、それから英語にしてみましょう。

R1: injuries

____

E1: smartphone use while walking

____

R2: game addiction

____

E2: players get absorbed in the game

日本語訳

Pokémon GO は社会にとってよくないです。なぜならケガや中毒の原因になるからです。

第一に、ケガについて。Pokémon GO は野外で遊ぶゲームです。プレーヤーは歩きながらスマホを操作するので、自分自身にとっても周りの人にとっても危険です。たとえば、駅のプラットフォームから落ちたり、他の歩行者にぶつかってケガさせたりすることがあります。2 番目は、ゲーム中毒。多くの若者がビデオゲーム中毒になっているなか、WHO（世界保健機構）は最近このような中毒を「精神の病」と定義しました。Pokémon GO は野外でもプレーヤーをゲームにどっぷり浸らせかねず、ゲームに費やす一日の時間が長くなってしまいます。長期的に見ると、Pokémon GO は、特に若者に益よりも害を及ぼします。

次の反論サンプルでは、2 つの理由に対して反対意見を述べたあと、全体的な視点でまとめています。

ポケモンGO擁護派による反論サンプル

You said the game causes injuries and addiction.

（相手の意見の要約）

Pokémon Go がケガと中毒を引き起こしていると言っています。

I don't agree with you （反対の表明）

because the game itself is not bad. （理由）

賛成できません。
なぜならゲームそのものは悪くないからです。

I'll refute each reason.

それぞれの理由に反論します。

R1: injuries caused by players using smartphones while walking.

歩きスマホによるケガ

→ Gaming while walking is dangerous. That's true. But when an injury occurs, who is responsible? The game or the player? You can't just blame the game. If a knife is used to hurt someone, would you blame the knife? I don't think so. Players should follow social rules.

確かに歩きスマホは危険です。でもケガが起こったとき、誰の責任でしょうか。ゲームでしょうか、それともプレーヤー？ ゲームだけ責めるのはおかしいです。ナイフで誰かが傷つけられたら、ナイフのせいにしますか。しないでしょう。プレーヤーが社会のルールを守ればよいのです。

▶ ナイフのたとえは簡単でわかりやすいので、コンセプトを理解してもらうのに有効です。

R2: game addiction

ゲーム中毒

→ You said Pokémon Go causes players to get addicted to the game. **That's not true**. The fact is quite contrary. Game addicts usually stay home and play games all day long. Pokémon Go encourages these players to go out, walk around, and meet other players. These activities help addicts recover from addiction.

Pokémon Goはプレーヤーをゲーム中毒にする原因になるとおっしゃいましたが、それは事実ではありません。それどころか、正反対です。ゲーム中毒になっている人は家にこもって一日中ゲームをします。Pokémon Goはプレーヤーが外出して歩きまわり人と会うことを促します。こういった行動は中毒から回復するのに有益です。

▶ That's not trueと言って真っ向から反対しています。このゲームが中毒者を助長するか否かの判断は議論の大きな対立点です。

(意見の補強とまとめ)

It's wrong to blame a particular game for injuries and addiction. The game itself is not bad. To prevent injury, we can perform PR activities to stop smartphone use while walking. As for game addiction, the problem is getting more widely known, and specialized therapy is available. In short, all **the problems you mentioned are solvable**.

ケガや中毒を一個のゲームのせいにするのは間違いです。ゲームそのものが悪い訳ではないでしょう。ケガの予防には、歩きスマホを止めさせる広報活動ができます。ゲーム中毒についても、問題は広く知られるようになっていて、専門的な治療が受けられます。一言でいうと、あなたが挙げた問題はすべて解決可能です。

▶ 相手が挙げた問題はsolvable(解決可能)であるとして意見の根拠を弱めています。

6 対比の視点

Pokémon GO の反論サンプルで示したように、対比の視点(perspective, point of view, standpoint)で物事を見ると議論に広がりが出ます。たとえば「短期スパンで見ればAのほうがよさそうだが、長期スパンで見るとBのほうが優れている」「日本に限れば(=ローカルな視点)有効なAが、世界を基準にすれば(=グローバルな視点)その有効性を失う」などと比較すれば、物事を多面的に捉えられます。さまざまな問題を考えるとき、このような比較をすることで説得力が高まります。次に対比の例を挙げます。

*** short-term vs. long-term　短期的 vs. 長期的**

Your view is short-term.	あなたの視点は短期的です。
Let's look at things from a long-term view.	長期的な視点で物事を見てみましょう。

*** micro vs. macro　ミクロ(微視的)vs. マクロ(巨視的)**

We need a macro perspective.	私たちは巨視的な視点が必要です。
Let's look at the issue from a micro point of view.	ミクロな視点から問題を考えてみましょう。
You are missing the big picture.	全体像を見失っています。

*** local vs. global　ローカル(局所的)vs. グローバル(包括的)**

Think globally.	地球規模でものを考えましょう。
A is desirable from the local standpoint.	Aは局所的観点から望ましい。

*** quantity vs. quality　量 vs. 質**

Which is needed, quantity or quality?	量と質と、どちらが必要とされていますか。

＊harm vs. benefits　弊害 vs. 恩恵

A does more harm than good.	Aは利点より弊害のほうが大きいです。

＊cost vs. effect　コスト vs. 効果

We must think about cost-effectiveness.	費用対効果を考える必要があります。

Column 5 ユーモアの効き目

「うわ、こっえ～」という呟きが聞こえてハッとしました。ディベートの練習を始めたばかりのころ、男性ばかりのなか紅一点で試合をしたときです。男性の圧力に負けまいと、早口でまくしたてた私に相手チームの一員が発した言葉です。が～ん、自分は何を目指しているのだ、と思いました。「理屈っぽくて押しが強い怖い女」ではないはず……。ちっぽけな勝ちにこだわり、大事なことを見失っては本末転倒です。これからはどんなときでもリラックスして笑いを大切にしよう。そう決心しました。

これまで論理の大切さを説いてきましたが、けんか腰で一方的な話し方だと、いくら筋が通っていても心からの共感は得られません。人を説得するには共感を得るのが早道です。論理は理性に働きかけ、ユーモアは感情に働きかけます。ユーモアを交えたり皮肉やウィットを利かせたりすると、好感度がアップします。これは討論でも同じなので、反論するときは特に攻撃的にならないよう気をつけてください。

スピーチやプレゼンでは冒頭の30秒以内でジョークを飛ばすと効果的だと言われます。早めのユーモアは「この人の話は面白そうだ」と聞き手に期待を持たせ、次の笑いを期待する聴衆は真剣に耳を傾けてくれます。ユーモアは聴衆の眠気を吹き飛ばす特効薬でもあるのです。

6-1 積み木を作ってから反論

それでは簡単なお題で意見をまとめ、対比の視点を入れながら反論する練習をしましょう。

お題

日本の国虫（国の昆虫）を選ぶなら、セミがよいか、スズムシがよいか。

Which should be selected as Japan's national insect — the cicada or the bell cricket?

日本では桜や菊が国花として扱われ、キジが国鳥に、オオムラサキが国蝶に選ばれています。国花、国鳥、国蝶があるならば、国虫があってもいいのではないでしょうか。日本を代表する昆虫「国虫」を選ぶとしたら、セミ（cicada）がよいかスズムシ（bell cricket）がよいかを真剣に考えてみてください。

Opinion

日本の国虫はセミがよい。
The cicada should be the national insect of Japan.

まず自分ならどんな意見にするかを考え、はじめに日本語で、それから英語で2本柱の積み木を作ってください。

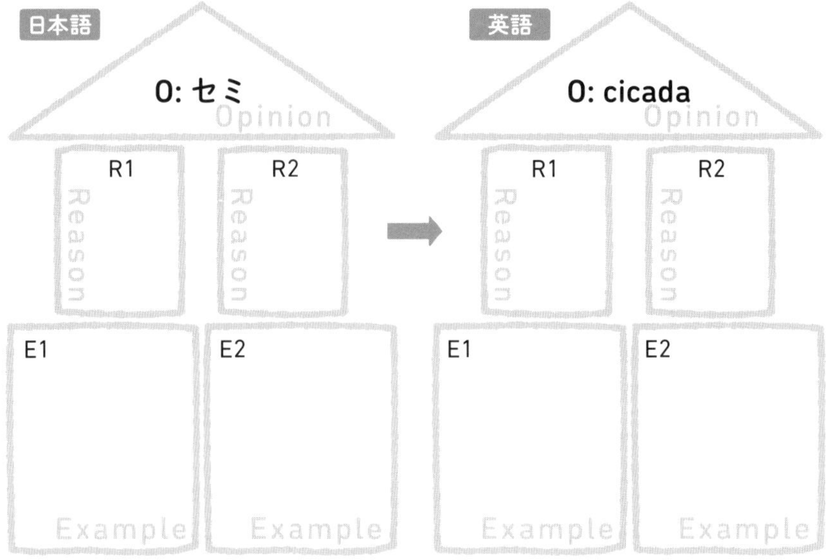

考えられる理由のキーワード

―夏の風物詩

―日本全国どこでも必ず鳴き声を聞く

―セミを知らない人はいない

―子供はセミ取りが好き

―地上では短い命

―もののあわれ（はかなさが桜と似ている）

次は、セミ派のサンプル意見を示します。はじめにOREの構造を把握しましょう。

The cicada should be the national insect of Japan.

I have two reasons—as a symbol of summer and a short, glorious life like cherry blossoms.

First, the sound of cicadas marks the coming of summer. We

hear cicadas everywhere during summer in Japan. Everyone knows this insect, and children love catching them. Second, cicadas spend many years underground but live only a few weeks above ground. These weeks are short but glorious for cicadas — they sing, fly, and mate. In this respect, cicadas are like the insect version of short-lived but glorious cherry blossoms, Japan's national flower. For these reasons, the cicada represents Japan so well.

サンプル意見を分析して、理由のキーワードと事例を短い日本語または英語で積み木に書き入れてください。

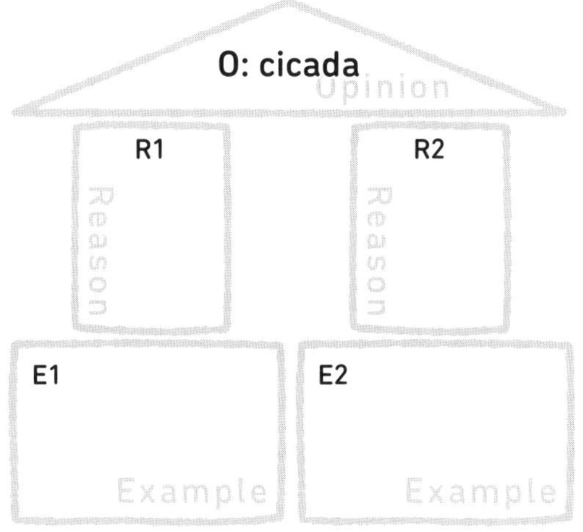

意見は2本柱に支えられています。下記に英語のキーワード例を示しています。それぞれの理由に対する反論も考えてください。まず、日本語で反対のポイントを考えて、それから英語にしてみましょう。

R1: a symbol of summer

R2: a short, glorious life

日本語訳

セミを日本の国虫にすべきです。

理由は２つあります。夏のシンボルであること、桜のように短くも華々しい命であること。

第一に、セミの鳴き声は夏の到来を告げます。日本では夏の間どこに行ってもセミの鳴き声を聞きます。セミを知らない人はいないし、子供たちはセミ取りが大好きです。第二に、セミは地中で長い年月を過ごし、地上でほんの数週間しか生きません。しかしこの数週間はセミにとって短くも素晴らしいもので、彼らは歌い、飛び、交尾します。この点でセミは、短命で華麗な桜（日本の国花）に似た昆虫です。この２つの理由で、セミは日本を代表する虫です。

次の反論では、２つの理由に対して反対意見を表明しています。

スズムシ派による反論サンプル

You gave two reasons—as a symbol of summer and a short, glorious life.（相手の意見の要約）

夏のシンボルと短くても素晴らしい命、という２つの理由を挙げています。

I disagree with your choice. （反対の表明）

because cicadas give a bad impression. （理由）

セミを選ぶのは賛成できません。
なぜならセミは悪い印象を与えるからです。

I'll refute both your points.

各ポイントについて反論します。

First, you said the cicada is a symbol of summer.
It's true, but cicadas are not suitable because the summer in Japan is hot, humid, and unpleasant. Also, cicadas are noisy, singing *min min min* or *jiri jiri jiri* all day—very annoying! When you try to catch them, cicadas pee on you! In short, many people have a bad impression of cicadas.

最初の理由は、「セミは夏の象徴である」ですね。
確かにそうですが、日本の夏は蒸し暑くて不快です。それにセミはミンミン・ジリジリと1日中うるさくてイライラします。捕まえようとすると、おしっこをひっかけるでしょ！　つまり、多くの人はセミに悪い印象を持っています。

▶ It's true と言って「夏のシンボル」であることは認めていますが、セミで連想するものが悪い印象ばかりだと反論しています。

Second, you said cicadas have a short, glorious life like cherry blossoms.
That's not true. Nobody associates cicadas with cherry blossoms. Then what does a cicada resemble? I'll give you an example of an American boy. When he saw a cicada for the first time, he said, "It looks like a big fly!" Indeed, it does. How

can such an insect be the national inspect of Japan?

2番目の理由は「セミは桜のように短くも華やかな命である」。
それは正しくありません。セミを見て桜を連想する人はいません。では、セミは何に似ているのか。例を挙げましょう。セミを初めて見たアメリカ人の男の子がこう言いました。「大きなハエみたい！」言われてみると、そのとおり。こんな昆虫が日本の国虫になれるとでもいうのですか。

▶「セミは桜のようだ」への反論として、効果的な具体例「ハエのようだ」を挙げています。

次はスズムシを選んだ場合のサンプル意見です。

Opinion

日本の国虫はスズムシがよい。
The bell cricket should be the national insect of Japan.

まず自分ならどんな意見にするかを考え、はじめに日本語で、それから英語で積み木を作ってください。

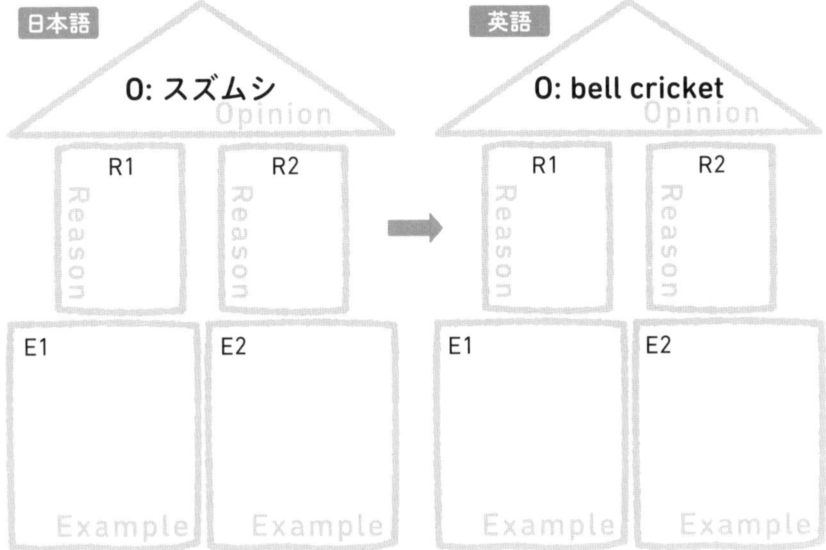

考えられるキーワード

—秋のシンボル

—日本産の昆虫（学名はHomoeogryllus japonicus）

—鳴き声がよい

—虫の音を鑑賞する文化

—ペットとして飼う

—鈴虫寺（京都）

次は、スズムシ派のサンプル意見を示します。はじめにOREの構造を把握しましょう。

The bell cricket should be the national insect of Japan.

I have two reasons—as a symbol of autumn and a culture of listening to the insect.

First, the singing of bell crickets is a symbol of autumn. When crickets start singing, we know that hot summer is finally over. Bell crickets are associated with the arrival of a nice cool season. Second, hearing the insect's songs is unique to Japanese culture. The sound of bell crickets is beautiful and nostalgic, so many people keep them as pets. What an elegant hobby! Thus, the bell cricket is a good choice as the national insect of Japan.

サンプル意見を分析して、理由のキーワードと事例を短い日本語または英語で積み木に書き入れてください。

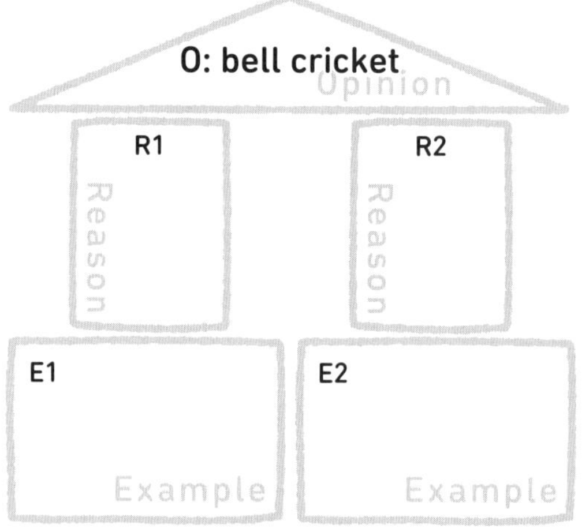

意見は2本柱に支えられています。下記に英語のキーワード例を示しています。それぞれの理由に対する反論も考えてください。まず日本語で反対のポイントを考え、それから英語にしてみましょう。

R1: a symbol of autumn

____

R2: a culture of listening to the insect

日本語訳

スズムシを日本の国虫にすべきです。

理由は2つあります。秋のシンボルであること、それから虫の音（ね）を愛でる文化があることです。

第一に、スズムシの鳴き声は秋のシンボルです。スズムシが鳴き始めると、私たちは暑い夏がようやく終わったと知ります。スズムシは涼しくて快適な季節の始まりと結びついています。第二に、虫の鳴き声を愛でるのは日本文化に独特です。スズムシは美しくて哀愁を帯びた声で鳴くため、ペットとして飼われています。なんとも風雅な趣味です！ このような理由から、スズムシは日本の国虫としてよい選択だと言えます。

セミ派による反論サンプル

You gave two reasons—as a symbol of autumn and as a culture of listening to the insect.（相手の意見の要約）

秋のシンボルと虫の音を愛でる文化、という2つの理由を挙げています。

I disagree with your choice （反対の表明）

because the bell cricket is no longer a common insect. （理由）

スズムシを選ぶのには賛成できません。
なぜならスズムシは、もはやどこにでもいる虫ではないからです。

I'll refute both your points.
各ポイントについて反論します。

First, you said the bell cricket is a symbol of autumn.
It's not true because many kinds of insects start singing in fall. Also bell crickets are not as common as cicadas. Nowadays few bell crickets live in big cities, and few children can identify them. The national insect should be one that is familiar to all people.

最初の理由で、スズムシは秋のシンボルと言いましたね。
そうではないでしょう。たくさんの虫が秋になって鳴き始めます。それにセミと違ってスズムシはどこにでもいるわけではありません。最近では大都会で見かけることはほとんどなく、スズムシを見分けられる子供もほとんどいません。国虫には皆が知っている昆虫を選ぶべきです。

Second, you said listening to the insect is part of Japanese culture.
Singing insects are kept as pets in China as well. Unlike in China, this hobby is waning in Japan. None of my friends and relatives keep bell crickets as pets. It's hard to say this insect represents Japanese culture.

２つ目に、虫の音を鑑賞するのは日本文化の一部と言われました。
鳴く虫は中国でもペットとして飼われてます。中国とは異なり、この趣味は日本では廃れてきています。私の友人や親戚にスズムシを飼っている人なんていませんよ。スズムシが日本文化を代表するという論には無理があります。

スズムシ派とセミ派の意見を読んで、どちらがより説得力があると思いましたか。もっと良い論点を思いついた方もたくさんいるでしょう。

それでは次の論題に移りましょう。ディベートではよく使われるクラシックな論題です。

お題

動物園はもう必要ない。

We no longer need zoos.

まず自分でブレーンストーミングをして、賛成と反対の理由になるキーワードを3つずつ考えてください。できれば、日本語と英語の両方を考えてください。

	賛成	反対
1.		
2.		
3.		

次に動物園に反対するサンプル意見を読み、ORE の構造を分析してください。サンプルはナンバリングをしていない上に、キーワードもはっきり提示していません。まず理由（キーワード）を見つけ出してください。キーワードが見つかれば反論に必要な要約ができています。

Opinion

動物園はもう必要ない。 We no longer need zoos.

We don't need zoos. Animals have the right to be free and happy. It's wrong to keep them in cages for the entertainment of humans. Zoos are like prisons, and animals are not happy there. Zoo animals also have health problems. Wild animals need wide-open spaces. Cages, however, are so small that the animals often get fat and sick. Watched by crowds all day, they feel much stress too. Lastly, we have excellent image technology. We can watch close-ups of animals or drone-images of their habitats on TV and video. Nature programs on TV give us much more information on wildlife than visits to the zoo. In modern society, we don't need zoos anymore.

サンプル意見の理由のキーワードと事例を短い日本語または英語で積み木に書き入れてください。

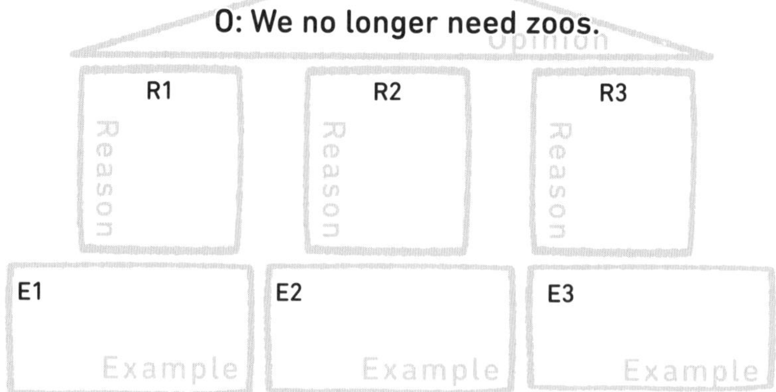

意見は３本柱に支えられています。下記に英語のキーワード例を示し

ています。それぞれの理由に対する反論も考えてください。まず日本語で反対のポイント考えて、それから英語にしてみましょう。

R1: animal rights

____

R2: poor health

____

R3: Image technology

____

日本語訳

動物園はもはや必要ありません。動物たちは自由で幸福になる権利を持っています。人間の娯楽のために動物を檻に閉じ込めておくのは間違っています。動物園は牢屋のようなもので、動物たちは幸せではありません。また動物園にいる動物は健康の問題を抱えています。野生動物には広いスペースが必要です。ところが檻はとても小さいので、動物はしばしば肥満や病気になります。一日中大勢の人に見られているため、大きなストレスを感じてもいます。最後に、優れた画像技術。私たちは、テレビやビデオで、動物のクローズアップや生息地のドローン画像も見られます。テレビの自然番組のほうが、動物園に行くよりずっと多くの野生動物に関する情報を与えてくれます。近代社会では、もはや動物園はいらないのです。

理由を一つ一つ取り上げて、それに対して反論してみました。

反論サンプル

You have three points—animal rights, poor health, and image technology.（相手の意見の要約）

動物の権利、不健康、画像技術という3つのポイントを示されました。

I disagree with your argument（反対の表明）

because your reasons are both untrue and irrelevant.（理由）

あなたの論拠には賛成できません。
なぜなら理由は正しくも関連性もないからです。

I would like to refute each point.

各ポイントに反論します。

First, you mentioned animals have the right to be free and happy.
That's not true because animals do not have the same rights as humans. Animals live by instinct, so they differ from humans. Do you eat pork or chicken? If so, do you think about the rights of slaughtered pigs and chickens? Why do only zoo animals have the right to be happy?

第一に、動物は自由で幸福になる権利があると言われました。
それは正しくありません。なぜなら動物は人間と同じ権利を持たないから。動物は本能に従って生きるので、人間とは違います。あなたは豚肉や鶏肉を食べますか。そのとき屠殺された豚や鶏の権利について考えますか。どうして動物園の動物だけに幸せになる権利があると言えるのですか。

▶「豚肉や鶏肉を食べますか」と質問しています。食べるならば、動物園の動物の権利を語る一方で、動物（家畜）の権利を無視しているという矛盾を突こうという作戦です。相手が困る質問をするのは、反論の効果的なテクニックです。

Your second point is that animals in the zoo are not healthy. **That's not always true.** Zookeepers take good care of animals. When animals get sick, they get medical care. No animals die of starvation. Recently, zoos are trying to make cages bigger and more comfortable.

2番目のポイントは「動物園の動物は不健康」ですね。
それは必ずしも正しくありません。飼育係の人たちは動物の面倒をよくみますよ。動物が病気になれば医療を受けられるし、飢え死にすることもありません。最近、動物園は檻を大きくしたり快適にしたりする努力をしています。

▶ That's not always true. は比較的弱い否定です。

Your third point is image technology.
Unfortunately, image technology is **irrelevant** to this topic. Watching TV is very different from going to the zoo. We cannot see life-size animals on the screen, nor smell them. Animals on TV are virtual. Real experiences are important. You never get full watching a gourmet cooking program on TV, do you?

3番目のポイントは画像技術です。
残念ながら、画像技術はこのトピックに関連性がありません。テレビを見るのと動物園に行くのはまったく違います。画面では実際の大きさで動物を見ることもできないし、匂いをかぐこともできません。テレビで見るのは仮想の動物です。実体験は重要です。グルメ料理番組を見てお腹がいっぱいになることは決してありませんよね。

▶ irrelevant（= not relevant）は「関連性がない」を意味する形容詞です。最後に「グルメ番組を見てもお腹がいっぱいにならない」というたとえを出しています。反論を裏づける上手なたとえを使えると、説得力を高められます。

次は、動物園は必要だという意見のサンプルです。これもナンバリングをしていない上に、キーワードもはっきり提示していません。まず理由（キーワード）を見つけ出してください。

Opinion

動物園は必要だ。We need zoos.

We need zoos. Going to the zoo is entertaining. It's fun to see all kinds of animals in one place, for example, giraffes from Africa and penguins from the Antarctica. We don't have to travel around the world to see those wonderful animals, including rare species. Zoos are also educational. We can learn about animals' food and habitats, and how to take care of them. Seeing animals up close is important, especially for children. Real-life experiences make them interested in animals. Finally, zoos are trying to protect endangered species. A great number of animals are close to extinction throughout the world. Many zoos are conducting scientific research to protect animals on the Red List. Thus, zoos are playing more and more important roles in our society.

サンプル意見で示されている理由のキーワードと事例を日本語または英語で積み木に書き入れてください。

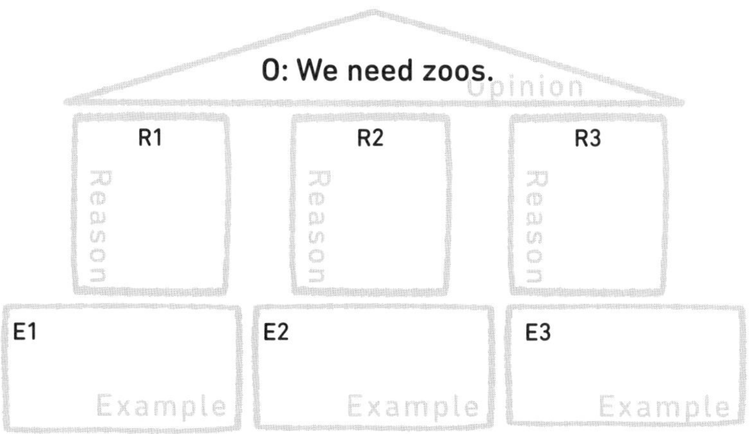

意見は3本柱に支えられています。下記に英語のキーワード例を示しています。それぞれの理由に対する反論も考えてください。まず日本語で反対のポイントを考え、それから英語にしてみましょう。

R1: entertaining

____

R2: educational

____

R3: protecting endangered species

____

日本語訳

動物園は必要です。動物園に行くのは面白いです。たとえば、アフリカから来たキリンと南極大陸から来たペンギンなど、さまざまな種類の動物を一か所で見られるのは楽しい。希少種を含む素晴らしい動物たちを見るために世界中を旅する必要はありません。動物園は教育的でもあります。動物の食べ物や生息地、世話の仕方など学べます。動物を近くで見るのは子供にとっては特に重要です。本物に触れる体験によって、子供たちは動物に興味を持ちます。最後に、動物園は絶滅危惧種を保護しようとしています。世界中で数多くの動物が絶滅の危機に瀕しています。動物園の多くはレッドリストに載っている動物を守ろうと科学的な研究を行っています。このように、動物園は社会でますます重要な役割を担っています。

反論サンプル

You gave three benefits of the zoo—entertaining, educational, and protecting endangered species. （相手の意見の要約）

面白い、教育的、絶滅危惧種の保護という、動物園の３つの利点を挙げています。

I don't agree with you （反対の表明）

because there are alternatives to the zoo. （理由）

賛成できません。
なぜなら、動物園に代わるものがあるからです。

Your first point is that the zoo is entertaining.

But **it's not justifiable** to imprison animals for the pleasure of humans. We have a lot of entertainment other than going to the zoo.

Wild animals belong to their own natural habitats. Putting them in cages is wrong. On the other hand, farm animals are born on farms, so it's OK to keep them in their original homes.

第一のポイントとして、「動物園は面白い」を挙げています。

しかし、人間の楽しみのために動物を拘束するのは正当化できません。私たちには、動物園以外にさまざまな娯楽があります。

野生動物は自然の生息地に属しています。檻に閉じ込めるのは間違っています。一方、家畜は農場で生まれるので生まれた場所（家）で飼うのは問題ありません。

▶ It's not justifiable（正当性がない）と反論しています。動物の拘束は正当化できないと反対しています。「家畜はどうなんだ」という再反論が考えられるので、農場は家畜の「家」だから閉じ込めてもかまわないと主張しています。

Your second point is that the zoo is educational.

The educational value of the zoo **is not important**. Visitors usually spend only a few minutes at each cage because animals are often sleeping or look depressed. How much can people learn from such visits? We can learn more about the true lives of wild animals by watching high-quality videos. Excellent image technology makes it possible for virtual reality to surpass imperfect reality.

「動物園は教育的」というのが第二のポイントですね。

動物園の教育的価値は重要ではありません。動物園を訪れる人は、ふつう檻の前でほんの数分立ち止まるだけ。なぜなら動物たちはたいてい寝ているか憂うつそうだからです。こんな体験からどれだけのものを学べるのですか。高品質のビデオを観るほうが、野生動物の真の生態を学ぶことができます。優れた画像技術により、バーチャルな現実が不完全な現実に勝るようになっています。

▶ not importantという表現を使って、相手の意見が重要さを欠いていることを指摘しています。

Your third point is that the zoo protects endangered species. The problem of endangered species i**s solvable by alternative means**. Zoos are primarily for entertainment. To protect endangered species, we should build facilities dedicated to research and protection, such as the *toki* (Japanese crested ibis) conservation center in Japan and panda sanctuaries in China.

動物園は「絶滅危惧種を保護している」が第三のポイントですね。絶滅危惧種の問題は他の方法で解決できます。動物園は主に娯楽を目的としています。絶滅危惧種を保護するならば、研究や保護を専門とする施設を作るべき。たとえば日本にはトキの保護センターがあり、中国にはパンダ保護区があります。

▶ 問題を解決するには他の手段がある、というのは有効な反論です。solvable（解決できる）やalternative（代替の）などの単語が使えます。

本章の冒頭でも述べたとおり、反論はテーマを深く掘り下げることにつながります。その過程で、自分の知識不足に気づいたり、問題解決への道筋が見つかったりもします。反論を考える習慣は「当たり前」を疑い、異なる視点から物事を考えるのに役立ちます。

7 反論のペアワーク

ここまでやってきたように、ORE で意見をまとめる練習は一人でできます。自分で自分の意見に反論することも可能です。しかし誰かと一緒に練習すれば、一人では思いつかないアイデアを聞けたり、意見を交わしながら考えを発展したりできます。練習仲間を見つけたら、ペアワークをしてみましょう。たとえば次の練習は 10 分もあればできます。

練習方法

はじめはもちろん日本語でかまいません。最初に日本語で意見を交わしてから、アイデアを表現する英単語を考えたり、和英辞書を引いて適当な英語キーワードを探したりするとよいでしょう。日本語でまとめた意見を次は英語で繰り返すと、効果的な英語の練習になります。

人数

二人（A さん、B さん）

準備

—二人で取り上げたい論題を決める（173ページのトピックリスト参照）。

—じゃんけんをして肯定・否定の立場を決める。

—各自で数分ブレーンストーミングを行い、OREの積み木を考える（反論も予想する）。

—スピーチの持ち時間を設定する。

最初のうちは、各自の持ち時間を 1 ～ 2 分くらいに設定すると練習しやすいです。

ラウンド1

Aさんが肯定側

Aさん　論題に賛成の理由を一つ挙げ、事例を述べる。
Bさん　相手の意見を要約し、理由と事例も交えて反論する。
Aさん　Bさんの反論に対して、自分の主張を擁護する（再反論や比較）。

Bさんが否定側

Bさん　論題に反対の理由を一つ挙げ、事例を述べる。
Aさん　相手の意見を要約し、理由と事例も交えて反論する。
Bさん　Aさんの反論に対して、自分の主張を擁護する（再反論や比較）。

終わってから、互いに相手の良かった点・改善点などを話し合い、次に立場を変えて次のラウンドに取り組みます。

ラウンド2

Bさんが肯定側

Bさん　論題に賛成の理由を一つ挙げ（ラウンド1で出なかった理由）、事例を述べる。
Aさん　相手の意見を要約し、理由と事例も交えて反論する。
Bさん　Aさんの反論に対して、自分の主張を擁護する（再反論や比較）。

Aさんが否定側

Aさん　論題に反対の理由を一つ挙げ（ラウンド1で出なかった理由）、事例を述べる。
Bさん　相手の意見を要約し、理由と事例も交えて反論する。

Aさん　Bさんの反論に対して、自分の主張を擁護する（再反論や比較）。

2つのラウンドが終わったら、全体の内容について話し合ってみましょう。後になってから「あれも言えた、こんな事例もあったのに」と思いつくものです。

この練習で大事なのは、必ず持ち時間を厳守すること。時間に制限がないと、話は散漫になりがちです。制限時間内にきっちり話をまとめるにはOREの型を意識せざるを得ず、論理的にスピーチを展開する良い訓練になります。

慣れてきたら時間を3分、4分と伸ばしたり、OREの積み木の柱の数を増やしたり、質疑応答を入れたりもできます。自信があれば、いきなり英語でもかまいません。別に決まりはないので練習方法を自由に工夫してください。

Column 6 明治の偉人も楽しんだ「毒のない議論」

明治維新のころ西洋の文化を紹介し、日本の近代化に貢献した福沢諭吉は数多くの英単語を日本語に訳してその概念を広めました。そんな単語の中に debate と speech が含まれています。福沢は、debate に対しては「討論」という訳語を、speech に対しては「演説」の訳語を当て、日本人には speech と debate の教育が必要だと説いたのです。

若いころ勉学に励んだ適塾（蘭学の私塾）で、塾生と活発にディベートしていた様子を次のように書いています。

> *例えば赤穂義士の問題が出て、義士は果して義士なるか不義士なるかと議論が始まる。スルト私は「どちらでも宜しい、義不義、口の先で自由自在、君が義士と言えば僕は不義士にする、君が不義士と言えば僕は義士にして見せよう、サア来い、幾度来ても苦しくない」と言って、敵になり味方になり、さんざん論じて勝ったり負けたりするのが面白いというくらいな、毒のない議論は毎度大声でやっていたが、本当に顔を赧らめて如何（どう）あっても是非を分ってしまわなければならぬという実の入った議論をしたことは決してない。***

とても生き生きした場面ですね。今から 160 年以上も前の日本で、福沢は「毒のない議論」で立場を自在に変え、仲間と意見を交わしていたのです。ロジックを純粋に競いあって楽しんだのでしょう。

こんなふうに蘭学塾でオランダ語を学んだ福沢ですが、開国に向かう時代の激流のなか、彼はあるとき一生懸命勉強したオランダ語が時代遅れとなり洋学の主流が英語に代わりつつあることを知ります。いったんは落胆したものの、それから「一切万事英語と覚悟を決め」、先生も辞書もない環境で英語を独学し（すごい！）、原書の翻訳を通して西洋の思想や制度を日本に紹介したのです。

この逸話が示すように、文明開化につくした福沢は、近代化の本質を知るための手段として「英語」を学び、視点を変えて議論するディベートで「ロジカル・シンキング」を鍛えていました。まさに本書のゴールと重なります。グローバル化が進展する今、この 2 つのスキルはますます重要性を増しています。

** 『新訂　福翁自伝』、福沢諭吉著（岩波文庫、1978, p. 79）

8 面白いトピックを見つける

8-1 トピックリスト

ORE の積み木を作る練習を重ねられるように、さまざまなトピック（議題）を選んでみました。

＊海外に行くならツアー旅行と個人旅行のどちらを選ぶか？
Which do you choose, traveling abroad as a group or independently?

＊老人ホームでは生きたペットがよいか、ロボットペットがよいか？
Which is better for old people's homes—real pets or robot pets?

＊ウサギとカメ、どちらになりたい？
Which would you rather be, a rabbit or a turtle?

＊バレンタインデーにチョコレートを買うのはやめよう。
We will not buy chocolate on Valentine's Day.

＊若年結婚と晩婚とでは、どちらがよいか？
Which is better — early marriages or late marriages?

＊美容整形手術は是か非か？
Are cosmetic surgeries good or bad?

＊若者は豊かな国ではなく貧しい国に旅行すべきだ。
Young people should visit poor countries rather than rich countries.

＊（地名）にカジノを作ろう。
We will build a casino in ______________.

＊オリンピックは開催国・都市に恩恵をもたらす。
The Olympic Games benefit their host countries and cities.
＊プロスポーツではドーピング用薬物の使用を認めるべきだ。
The use of performance enhancing drugs should be accepted in professional sports.
＊eスポーツは本物のスポーツであると認められるべきだ。
E-sports should be considered as real sports.
＊暴力的なビデオゲームは実生活で若者をより暴力的にする。
Violent video games make young people more violent in real life.
＊投票は強制にすべきだ。
Voting should be compulsory.
＊宿題はなくすべきだ。
There should be no homework.
＊小学校では紙の教科書ではなくタブレットを使うべきだ。
Tablet computers should replace textbooks in elementary schools.
＊救急車の利用は有料にすべきだ。
We should pay for ambulance services.

8-2 面白いトピックとは

リストに挙げたのはエッセイ・ライティングなどでよく与えられるトピックです。リストの中で最も面白くてエクサイティングな論題はどれでしたか。「全部つまらない」、「どれにも興味がわかない」と思った方はいますか。それでもまったく構いません。実は「面白い・面白くない」はすべてあなたしだい。意見をまとめる練習の題材は身の回りに溢れています。関心があること、困っていること、喜びを見出すことなど、最も刺激的なトピックとは自分で見つけたものなのです。面白いトピックは自分の回りでこそ見つかります。

日常を振り返ってみれば、私たちの生活は意思決定の連続ではないでしょうか。「昼ごはんは牛丼にするかラーメンにするか」という卑近な例から、国の進む方向を決める選挙の投票にいたるまで、私たちはしばしば「どちらが良いか」を考えて選択しています。そしてメディアやSNSにはホットな情報が毎日流れています。バカらしいものからまじめなものまで、賛否両論で盛り上がっている話題を見つけたら、軽く頭の中でOREの積み木を作ってみましょう。もし一方的な論調があったら、反論を考えてみてください。思いもよらない異論に出会ったら、相手の立場に立ってなぜ違いが生まれるのか考えてみてください。そんなとき、普段の視点を少しだけずらしてみましょう。その小さな習慣の積み重ねが、英語で意見を言う素地を作り、情報の真偽を見分ける批判的思考を養い、他者に共感できる力を生みます。

＊＊＊＊＊＊＊＊＊＊

本書の冒頭で書いたように、意見は自分の中にしかありません。ここまで論理の型を作る練習をしてきましたが、型に入れる中身がスカスカでは悔しいですよね。意見は独力で考えるしかなく、だからこそ母語の日本語できちんと考えることが大切です。意見がまとまれば、ロジックと英語を駆使して異文化の人々に伝えることができます。グローバル・コミュニケーションの場面では、ロジカルにまとめた意見は下手な英語でも伝わりやすく、伝わればもっと上手に表現したくなります。論理の型も英語も、意見を表明するための道具に過ぎません。あなた自身の目的を果たすためにこの道具を磨いてください。「意見が言いたい」を出発点とする学びのサイクルを始動させましょう。

おわりに

身の回りのささいな事柄から深刻な社会問題まで、さまざまな視点から why-because を考え続けること。日常生活でも「なんとなく」や「みんな、そう言ってる」に甘んじることなく「なぜ？」を問い続けること。ロジック（論理）は異文化の人々とコミュニケーションを図るときの共通基盤です。そして、日本語で論理の積み木を作ること、つまり、論理の型を身につけることこそが英語で論理的な意見を言えるようになる出発点なのです。

「型ができていない者が芝居をすると型なしになる。メチャクチャだ。型がしっかりした奴がオリジナリティーを押し出せば型破りになれる。どうだ、わかるか？ 難しすぎるか。結論を言えば型をつくるには稽古しかないんだ。」 立川談志著『赤めだか』（扶桑社文庫）p.80

本書の原稿を書いている最中に読んだ立川談春著『赤めだか』からの

引用です。これは落語家の立川談春が、師匠の立川談志からもらった言葉。この一節を読んで、ポンと膝を打ちました。ロジカル・シンキングも落語と同じだ！

本書では、積み木メソッドで論理の型を作る練習を何度も何度も繰り返してきました。サンプル意見を読むと、意見のまとめ方は型通りな印象があるかもしれません。「型通り」は「決まりきったもの、ただ従っているだけで個性がない」ことを表します。しかし論理的思考でも、まず型ができていないと「型なし」になってしまいます。だから、稽古しかないわけで、型はやっているうちに身につきます。

みなさんも自分で考え、英語でアウトプットし続けてください。意見が言いたいから英語がうまくなるのです。論理の型に入れる、自分の考えを表現できる英単語やフレーズを少しずつ増やしていきましょう。その過程で、あなた自身の素敵なオリジナリティーが輝き出すことを願っています。

謝辞

本書のアイデアは、私の長年にわたるディベート体験から生まれました。私を楽しいディベートの世界に導いてくれたのは井上敏之さん（Toshi）です。Toshiと彼の周りに集まる素晴らしい仲間たちのおかげで、ロジカル・シンキングとLearn by doingの大切さを学びました。

そして、いつもながら親友の岩渕デボラさんとパートナーの均には、論題のダメ出しに始まり数々の貴重なアドバイスをもらいました。

編集部の佐藤陽二さんには、漠然としたアイデアに対する明確な方向付けと、ぶれない道筋を示していただきました。

また、ブックデザインを担当していただいたデザイナーの安賀裕子さんには、すてきな装丁を作っていただき、とても読みやすいレイアウトに仕上げていただきました。

この場を借りて、みなさまのサポートに深く感謝いたします。

遠田和子

Profile

遠田 和子
（えんだ・かずこ）

日英翻訳者、翻訳学校講師。青山学院大学文学部英米文学科卒業。著書に『究極の英語ライティング』（研究社）、『Google英文ライティング』（講談社）、『英語「なるほど！」ライティング』（講談社、岩渕デボラと共著）などがある。訳書は*Rudolf and Ippai Attena*（講談社、共訳）, *Traditional Cuisine of the Ryukyu Islands: A History of Health and Healing*（出版文化産業振興財団、共訳）など。

2020年 7月31日　初版発行

著　者　遠田和子

発行者　吉田尚志

発行所　株式会社 研究社
〒102-8152
東京都千代田区富士見2-11-3
電話　営業 03-3288-7777（代）
　　　編集 03-3288-7711（代）
　　　振替 00150-9-26710
http://www.kenkyusha.co.jp/

印刷所　研究社印刷株式会社

ブックデザイン・整版　安賀裕子

英文校閲　Peter Serafin

ISBN978-4-327-43097-9　C1082　Printed in Japan